一本记载新时代企业发展历程
展示中国企业家形象的史记

Chinese Entrepreneurs
Finance Archives

中国企业家财经档案

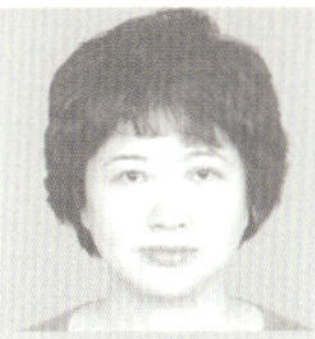

中国电子商务协会3G发展与应用工程办公室 ◎ 主编

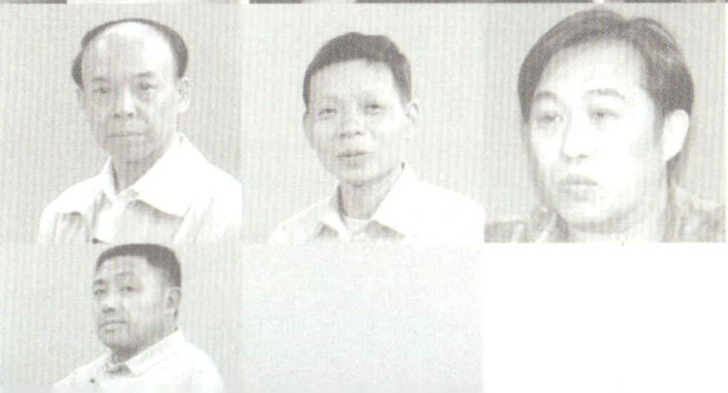

中国商业出版社

图书在版编目（CIP）数据

中国企业家财经档案/中国电子商务协会3G发展与应用工程办公室主编.--北京：中国商业出版社，2016.2

ISBN 978-7-5044-8700-1

Ⅰ.①中… Ⅱ.①中… Ⅲ.①企业家—研究—中国 Ⅳ.①F279.2

中国版本图书馆CIP数据核字(2016)第042025号

责任编辑：武文胜

中国商业出版社出版发行
010-83114577 www.c-cbook.com
（100053 北京广安门内报国寺1号）
新华书店总店北京发行所经销
北京市华审彩色印刷厂印刷
*
787×1092毫米 1/16 14.75印张 270千字
2016年6月第1版 2016年6月第1次印刷
定价：88.00元
****
（如有印刷质量问题可更换）
版权所有 侵权必究

前 言

《中国企业家财经档案》根据高端商业人物系列访谈节目——《企业价值传播》编辑整理而成。全书以全新的传播理念和平民化视角，通过与企业家深度对话，讲述他们创业与守业的传奇、分享经营与管理的理念、探索成功与人生的价值，并且深入剖析企业家如何把握"互联网+"这个变革的时代，为企业赢得未来。

这是一部告诉"互联网+"时代的企业先行者们，如何将企业做大、做强、做精，为管理注入哲学内涵、提升管理效率的教科书，也是一部为"传统企业"创业者们的理想插上务实的翅膀，助企业腾飞的方法论。

无论你是怎样的管理者，《中国企业家财经档案》都将有值得你阅读的价值，成功虽不可复制，但成功的方法可以模仿，发掘自己的潜力，扬长避短，以此获得企业的发展和个人的成功。本书将为企业家和企业转型指明方向，为每位创业者照亮梦想之路。

本书的成功出版，要特别感谢《首届中国企业价值传播盛典》栏目组，同时也要感谢为本书策划编辑的工作人员，本书所有言论仅代表受访者个人观点，与本书、本节目立场无关。

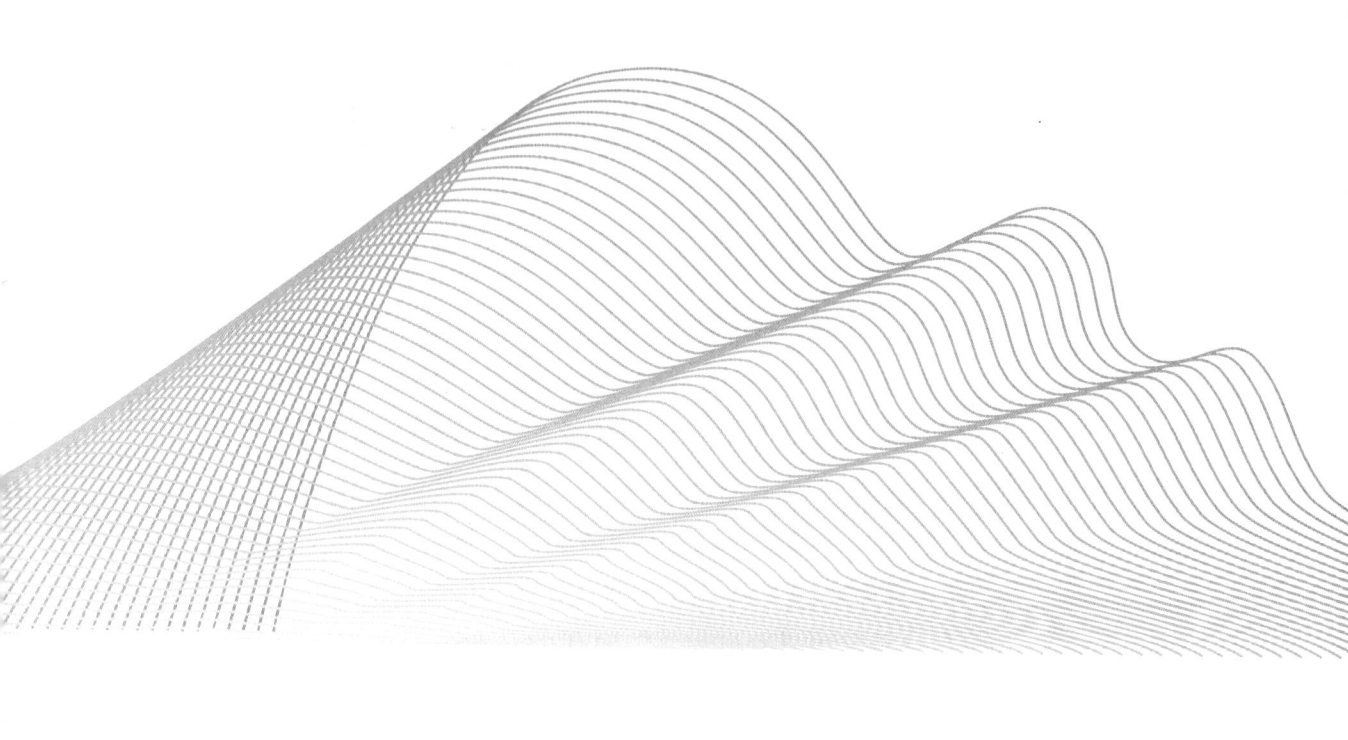

目 录

C
- C—001　陈云薇
- C—005　陈勤益
- C—009　崔瑞泽
- C—013　陈永敬

D
- D—019　丁国祥

F
- F—023　冯 权

G
- G—028　郭 玲
- G—029　顾定梅

H
- H—031　韩成刚
- H—036　宦才连
- H—040　侯立军
- H—045　黄 涛
- H—049　黄奕群
- H—054　郝 跃
- H—058　黄忠胤

目录

J
- J—065　江　波
- J—071　蒋英成
- J—075　蒋耀平

L
- L—076　李　冰
- L—081　刘海雄
- L—087　李红政
- L—091　刘　虹
- L—095　李庆东
- L—099　罗新林
- L—104　罗兴仁
- L—108　赖旖昕
- L—111　黎兆焜

M
- M—115　马福良
- M—119　马文忠

Q
- Q—123　钱久林

S
- S—128　孙长臣
- S—133　史琤莉
- S—138　沈　华

目录

W
- W—142　王　玲
- W—146　吴天舜

Y
- Y—152　于大海
- Y—156　尹加帮

Z
- Z—161　张保荣
- Z—162　朱浩清
- Z—166　章　欢
- Z—170　周良如
- Z—175　赵兰英
- Z—180　钟乾庚
- Z—184　赵曲华
- Z—188　章启奎
- Z—192　张晓光
- Z—197　庄霞红
- Z—202　钟学英

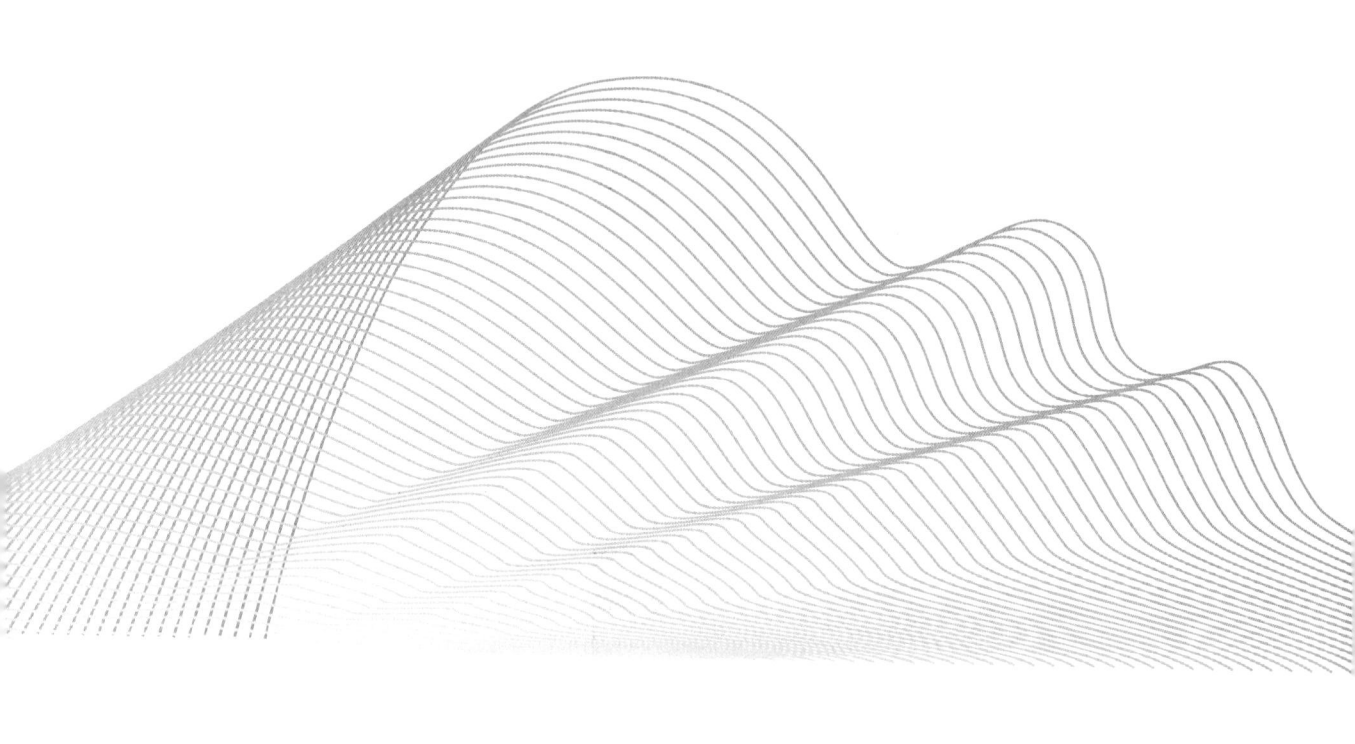

陈云薇
创富融资租赁（上海）有限公司 CEO 首席执行官

陈云薇，2003年6月起担任日本上市集团董事并全面负责投资家关系工作，成为日本上市企业董事中唯一的中国女性。期间成功策划并完成了该集团在纽约证交所的上市。2005年3月，受集团委托，全面负责集团在中国的融资租赁事业的开展。两年间公司租赁资产超过20亿元人民币，成为业内最具资产规模的外商投资融资租赁企业，并获得全球顶级PE的战略投资。2010年，创富融资租赁（上海）有限公司成立，专注于更具市场前景的汽车融资租赁，为企业与个人提供中高端汽车金融服务。公司现已获得复星集团、日本丸红集团等投资方的战略投资，致力于打造中国汽车融资租赁第一品牌。

公司介绍 Company Introduction

创富融资租赁（上海）有限公司（www.cf-finance.com）于2010年2月正式成立，注册资本4950万美元，由具有丰富行业经验的创业团队组建而成。现由中国500强企业"复星集团"控股，第二大股东为世界500强企业"日本丸红集团"。近年来，创富汽车金融的业务规模发展迅速，在上海、福建、浙江、江苏等地区分别开设分公司，基本实现长三角地区全面覆盖；创富汽车金融将会逐步把业务发展至全国。基于此开创"创富汽车金融"产品，为企业及个人提供专属性的汽车金融解决方案。

"创富汽车金融，启动梦想里程"是公司对客户，对员工，对股东，对合作伙伴，乃至对社会做出的信用承诺。公司将继续秉承"诚信、创新、稳健、共赢"的经营理念，在持续稳健的发展中寻求与客户的长期共赢。

《首届中国企业价值传播盛典》访谈内容
——陈云薇专访

主持人："探访人物故事，传播价值能量"，各位观众大家好，欢迎来到《首届中国企业价值传播盛典》，大型企业家访谈节目，我是主持人石濛。

本节目是由中国电子商务协会3G发展与应用工程和中国商业电讯共同主办，由新浪等多家权威媒体高度关注和支持。

这是一家很年轻的公司，2010年创办，却能够在很短的时间内，先后获得世界五百强日本丸红集团和中国五百强复星集团的注资。那么这些商业巨头究竟是看到它身上怎样的商业前景呢，欢迎我们今天的嘉宾，创富融资租赁上海有限公司CEO陈云薇。陈女士，欢迎。

嘉宾：主持人好，大家好。

主持人：陈总，我知道汽车融资租赁对于国人来说还是一个比较陌生的概念，但是在国外是已经非常成熟的消费方式了。那么陈总能不能跟我们具体讲解一下，什么叫做汽车融资租赁呢？

嘉宾：汽车融资租赁其实是一种金融服务，在汽车领域的一种应用，融资租赁跟银行有不同的地方，银行是融资，而融资租赁是以物作为标的，所以汽车融资租赁，是将汽车作为标的物的一种金融服务。一般会涉及三方，一个是承租方，就是客户，一个是他指定购买的这个标的物，还有第三方就是我们这样的融资租赁公司。我们一般是会跟经销商签订买卖合同，与客户签订租赁合同，租期满了以后，他只要支付一个象征性的金额，就可以将这个汽车的所有权转为他自己。

主持人：我明白了，也就是说实际上汽车融资租赁是一种名为租实为购的新方式。

嘉宾：对。

主持人：那么陈总在最初是如何接触到这个行业的呢？

嘉宾：其实融资租赁这个服务在国内是比较新的，但在国外已经是一个非常普遍的金融服务。因为我在国外生活了17年，所以对我来说就是一个非常普通的生活工具。所以在2004年的时候，我就把这个服务带到了中国。

主持人：那么您觉得它的未来行业发展是怎样的？

嘉宾：首先我觉得融资租赁整个行业在中国的发展还属于起步阶段，所以它的发展前景是非常大的。汽车又专注于消费行业，而现在中国是消费大国，所以整个汽车融资

租赁行业在中国的发展潜力，我相信是巨大的。

主持人：我知道在今年的"正和岛创新大集"上，我们的创富推出了好几款创新产品，消费者觉得非常的新奇，也非常的感兴趣，这种创新的消费方式渐渐地被大家所接受。那么我们创富的核心业务是什么呢？

嘉宾：我们的核心业务就是根据不同的客户，及其不同的需求，制定不同的金融产品，然后给他们一个全新的购车理念。

主持人：网络是21世纪的一个标志，很多的公司都在用网络来打造自己的平台，那我们的创富是如何利用网络平台的？

嘉宾：我相信互联网已经成为了我们生活中必不可少的一部分。前一阵我跟一个IT行业的非常顶尖级的人物交谈。他问我你觉得互联网是什么，他的回答其实是非常触动我的，他说互联网是国家的基础设施建设，已经影响到我们生活的方方面面了。

主持人：也就是像几年前我们会说，我们要去触网，要去和互联网进行联合，但是现在我们每个人都站在互联网里面了，得去想如何地去发展。那么创富在发展的初期是怎样的一个状态呢？

嘉宾：在发展的初期，对于我们来说应该是利弊共存的。因为在公司创办初期，有许多客户会对我们产生置疑，比如说他会担心你的公司明天会不会倒闭了？而且我们的产品也比较新，他会怀疑是真的吗？等一些其他的问题。但是，我认为，这也给我们公司带来了很多机会。因为像我们这样类型的公司特别少，所以没有太大的竞争压力。

主持人：对，创富从2010年开始到现在四年的时间，是处在飞速的发展期，就像一个小孩子现在已经成人了。那么陈总有没有什么好的经验可以与大家分享？

嘉宾：应该说我们一直是处在一种颠覆自己，不断创新的理念里面。不断地在摸索怎样给客户提供最好的产品，带来最好的客户体验。在2014年我们开始向互联网方面突破，在阿里的汽车线上，提供了天猫的汽车分期购，这是第一次实现客户可以在网上下单，在这个交易过程中我们提供所有的线下服务，包括线上的风控、征信等。从客户线上申请，到最后下单，可以在24小时内实现在交易，对我们公司来说是一个非常大的里程碑的事件。

主持人：从最早我们接触的是租车，到现在的租车回购，越来越多的非常新颖的租车方式开始出现，而这块市场被越来越多的人发现，竞争者也越来越多，那么我们的创富是如何面对如此激烈的竞争环境的呢？

嘉宾：首先我觉得整个行业是处于一个发展初期，我们所有的参与者都是为了让大家知道这样的一个产品，告诉消费者有这样的一个服务，我们之间的竞争是良性的竞争，最终的目的就是为了给消费者带来更好的产品，更好的消费理念，以及更好的客户体验。

主持人：2014年对于我们创富来说是非常有意义的一年，在这一年创富推出了很

多的创新产品，同时也荣获了2014年中国汽车金引擎奖，最佳创新型汽车融资租赁公司的称号。那么陈总在2015年对我们的创富有没有什么期待呢？

嘉宾：2014年拿到这个大奖，我相信是对我们创富最大的肯定。特别是互联网跟阿里的这个汽车分期购项目的成功，也让我更加坚定了继续走这条道路的决心，所以2014年我们创富将进行种各样的尝试，包括跟互联网其他大数据公司，进行产品的创新，以及模式的创新。我相信2015年我们在互联网这方面一定会取得新的突破。

主持人：非常感谢陈总今天的做客，相信创富会如它的名字一样，创造更多的财富，这就是我们今天的节目，谢谢大家，我们下一期再会。

嘉宾：谢谢大家。

陈勤益

江阴市恒辉特种漆业有限公司法人、油漆供应商平台创始人

陈勤益,油漆行业专家,1997年4月成立江阴市恒辉特种漆业有限公司,公司主要产品为各类油漆和油漆稀释剂,主要用于船舶、各种机械设备(包括建设机械、港口机械)石油管道、石化储罐、电动车辆、钢结构、发电设备、地坪、家电、文具用品等的表面防腐和装饰,年销售额3500万元左右。陈勤益先生很看好互联网的发展趋势,由此利用移动互联网创办了油漆供应商垂直搜索APP,从而将线上线下结合,实现企业价值最大化。

 **APP 介绍** APP Introduction

企业价值传播 | 005

《首届中国企业价值传播盛典》访谈内容
——陈勤益专访

主持人："探访人物故事，传播价值能量"，各位观众，大家好！欢迎来到《首届中国企业价值传播盛典》大型企业家访谈节目，我是主持人亚平。

本节目是由中国电子商务协会3G发展与应用工程和中国商业电讯共同主办，由新浪等多家权威媒体高度关注和支持。

提起互联网如今是炙手可热，"互联网+"的提出更是引起各方的热烈讨论。如何实现互联网与传统行业的融合发展成为各行业未来发展的一大重点。顺势而发，一同步入互联网的浪潮中这也是涂料行业寻求变革的新方向。那么，欢迎本期的做客嘉宾江阴市恒辉特种漆业有限公司法人兼油漆供应商平台创始人陈勤益陈总，光临节目现场。陈总您好！

嘉宾：大家好！主持人好！

主持人：您创办这家企业的初衷是什么？

嘉宾：闯市场步步开拓，抓质量年年创新。为社会做贡献，创造人生价值，我80年代就开始做油漆，之前在我们江阴市一个油漆厂当技术厂长。正好赶上改革开放的大潮，为了更好地融入社会，体现自己的价值，打算下海创业，1997年创办了这家公司江阴市恒辉特种漆业有限公司。

主持人：您创办的企业的市场空间在哪里？

嘉宾：油漆，属于化工行业，普通产品，只要有铁的地方都要用到油漆，市场空间大。它的用途其实非常广泛。大到飞机、动车等大型机械的外壳处理，小到房屋墙面装修装饰，都离不开油漆涂料的应用。我们江阴市恒辉特种漆业有限公司，专业化的产品策略、注重技术发展，集产品研发、生产和销售为一体，市场需要这样的企业去研发适合市场的产品。高新环保的产品将是企业发展的目标，更是未来行业的需求。

主持人：企业文化的内容有哪些？核心是什么？

嘉宾：我们企业的核心就是以人为本，科学发展。具体来说就是尊重人，服务人，发展人。我们本着为顾客赢取价值，为员工提供机遇，为社会创造财富的经营宗旨；依靠现代化科学管理，先进的经营理念，创造辉煌的明天。

主持人：如何使企业文化渗透到经营管

理的方方面面中去？

嘉宾：首先，我们建立完善的生产管理制度，营销管理、安全环保管理制度以及研发管理，构成的企业文化管理系统，从企业整体运作的角度，将企业文化融入各个环节、各个方面，实现企业自身价值和社会效益。与企业管理相融共进，在企业管理中落地生根才能发挥其强大的作用。无论是客户进入到我们公司后自身客观感受，还是我们每一次给客户提案，我们都努力从客户最想要的思考点出发完善客户的各种要求。

主持人：给整个行业带来了什么？

嘉宾：通过企业的自身发展，推动节能环保涂料的提升，我公司开发、生产的系列电磁屏蔽涂料主要用于民用电子产品，军用设备的抗电磁干扰和防止电磁波的泄漏，可显著提高电磁兼容性，达到绿色环保的作用。

主持人：现在是互联网高速发展的时代，您怎么看待这一发展趋势？

嘉宾：很看好互联网的发展趋势，由此利用移动互联网做了油漆供应商垂直搜索，从而将线上线下结合，推广企业价值。

主持人：您的油漆供应商平台有什么样的优势？

嘉宾：我们油漆供应商垂直搜索平台，对油漆行业进行精准的垂直搜索，优化移动服务，让用户搜索的结果更加准确；在我们平台有预置广告联盟系统。

主持人：如何计划未来油漆供应商平台的发展？

嘉宾：利用"互联网+"或者是"+互联网"的思维模式去运营油漆供应商平台，尽早地实现油漆行业线上线下同步发展。通过互联网推广企业的产品，了解企业，让企业更广泛地走向市场，服务社会，产生更好的效果和社会效益。

主持人：对于油漆供应商发展有怎样的期待？

嘉宾：不是简单地做一个产品展示平台，需要做一个资源整合的行业营销平台。

主持人：您认为目前的行业发展现状如何，发展存在哪些问题呢？

嘉宾：一方面，当下市场对该产品的需求量越来越大，使得其潜在的商业利润也越来越大；另一方面，市场竞争激烈，利润低，导致企业压力大。但市场前景我很看好，只要科学管理，规范市场，就能带领企业扩大知名度，提高销量，壮大发展。

主持人：未来三到五年内有什么样的发展计划？

嘉宾：把企业引向科学健康安全的发展轨道，不断创造社会效益，吸引更多志同道合的同行业者一起发展，使企业成为该行业的领导者，为该行业市场注入一股新鲜正能量。

主持人：您在企业中扮演着一个什么角色？企业员工是怎样评价您的？

嘉宾：在企业管理中我更多的是扮演制度的决策者和管理的实施者。

在员工心理，我可能是一个积极乐观、

勤奋踏实，充满正能量的老板，更像是员工的家人和朋友吧。

主持人： 一路走来，对于创业您有什么样的感悟或者说领悟？

嘉宾： 只要自己脚踏实地做好每件事，就一定能成功，坚持走下去最重要。

主持人： 随着互联网时代的到来，涂料行业及时抓住时代发展的全新服务模式，既迎合了社会发展趋势，又为涂料行业未来的发展指明了方向。面向未来，涂料行业与互联网的融合发展必将掀开涂料发展史上崭新的一页，书写更加波澜壮阔的发展篇章。非常感谢陈总今天的精彩分享！

本期的节目就到这里，我们下期再会！

嘉宾： 谢谢主持人，谢谢大家！

崔瑞泽
北京天润世纪文化发展有限公司董事长，众阅商城创始人

崔瑞泽，在 2008 年经国家相关部门批准注册北京天润世纪文化发展有限公司，现任公司负责人，公司目前仓储面积达 4600 平方米，经销批发图书品种达上万种。公司主要为全国中小学、大中专院校、社会书店、社会各类公共图书馆和各级社会团体提供图书及服务。同时为了结合市场发展需求，以及迎合消费者购买行为的改变，崔瑞泽先生创建了众阅网网上商城，真正地实现了线上线下相结合的发展模式。

网站介绍 Website Introduction

众阅网——爱书之人自己的书城。众阅网为了让用户拥有更好的购书体验，将海量的图书分门别类，便于用户寻找；以合理的结构分类，使每一个页面都有明确的导航指向，更有利于用户的浏览体验；而针对学校用书方面，该平台根据大数据分析，将服务教育、优化平台，根据学校需求进行细分、并根据教师及学生提出的需求提供定制书单、实行填配图书、送货上门的一站式服务。

《首届中国企业价值传播盛典》访谈内容

—— 崔瑞泽专访

主持人："探访人物故事，传播价值能量"，各位观众，大家好！欢迎来到《首届中国企业价值传播盛典》大型企业家访谈节目，我是主持人亚平。

本节目是由中国电子商务协会3G发展与应用工程和中国商业电讯共同主办，由新浪等多家权威媒体高度关注和支持。

我们将每期邀请一位商界精英，他们或是公众瞩目的成功人士、或是鲜为人知的行业大咖、或是不甘寂寞的行业新秀，通过深度对话，对他们进行探访和立体式解读，让业内人士真切感受到企业家的个性魅力、新锐理念和商业态度，也让普通受众得到启发。

今天呢，我们的节目将围绕"书"来展开，前苏联大文豪高尔基曾说过："书是人类进步的阶梯"。我们今天请到的嘉宾，就是一位阶梯的"搭建者"，他和他的网络平台，正在将这种人类文明的载体进行传播和发扬。接下来有请众阅商城的创始人——崔瑞泽崔总，欢迎！

嘉宾：大家好，主持人好。

主持人：众阅商城，"众阅"这样一个名字，有什么含义在里面？

嘉宾：众阅，从字面意思理解，就是大众阅读的意思，我希望通过这个平台，让每一个人都获得平等的阅读机会。进一步说，我希望通过自身的努力，让阅读书籍成为大众的一种习惯，像刚才你说的，书籍是人类文明的载体，我们每个人都应该去传承、去发扬。

主持人：大家都知道，图书行业内有各种各样的网站，那么相比于同行的其他网站，您的众阅商城有怎样的特色？

嘉宾：我概括为三点吧：一是网站分类明确，将海量的图书分门别类，更便于用户寻找；二是网站结构合理，每一个页面都有明确的导航指向，更有利于用户的浏览体验；三是图书资源丰富，众阅商城整合了行业内的优质图书资源，集中进行展现。以上三点，我认为是众阅的特色所在。

主持人：分类明确、结构合理、资源丰富，这正是作为一个大型网上商城的典型特征。那么在竞争相对激烈的图书行业中，您网站的竞争优势在哪里？或者说，您准备如何出奇制胜？

嘉宾：首先，我本人就是从事出版行业的，多年的从业经历让我积累了一定的经验教训。在我看来，要想在诸多的企业中脱颖

而出,就必须要有自己的特色,我刚才说到众阅商城的三大特色:分类、结构、资源三个方面,要想出奇制胜,就必须把自身的特色发挥到极致。举个例子来说,用户想要找一本书,在其他网站需要花费5分钟,但在众阅商城中找,只需要1分钟甚至半分钟,这样一来,自然会有越来越多的用户青睐众阅商城。而之所以能达到这种效果,正是由于我们出色的产品分类和网站结构。

主持人: 现在很多人都在讲服务,靠服务赢得客户。您在这方面有什么看法?

嘉宾: 我也赞同这一点,出色的服务能够为自身增光添彩。拿众阅商城来说,我们倡导个性化定制,也可以说私人定制。现今的时代,人人都非常有想法,非常有个性,也都喜欢张扬个性。我呢,就根据这一点,考虑把读者订购的图书,进行二次加工,按照读者提供的图片,重新装帧图书,让他们的需求得到充分的满足,买东西买得更加舒服。

主持人: 让用户的需求在购物过程中得到满足,自然能够获得用户的认可和偏好,给您的这个想法点个赞。咱们刚才一直在聊众阅商城,它作为一个图书行业的网络平台,是依托于互联网而诞生的。那么您对互联网有着怎样的认识和理解?

嘉宾: 现在人人都在说互联网,报纸、电视、杂志、微信、微博、论坛博客,都充斥着所谓的互联网基因、互联网浪潮、互联网思维等等。我这个人喜欢务实,不喜欢那些虚头巴脑的名词。在我看来,可以把互联网比作一把双刃剑,一边是机遇,一边是挑战,抓住机遇能够顺势而起,惧怕挑战可能会一败涂地。

对于传统行业而言,首要任务就是学会如何去掌控这种力量,用来强化自身。

主持人: 双刃剑,很新颖,很贴切的比喻。在网站的经营发展方面,就拿您的众阅商城来说,您是如何规划的?

嘉宾: 我从内外两个角度说吧。从网站内部来说,还是要坚持众阅的特色,不断去加强、去发扬,另外我们会及时地收集用户反馈,虚心听取意见,将众阅商城打造成为一个用户认可喜爱的网络平台,一个图书行业的综合性平台;从网站外部来说,我会联合各出版企业,汇聚伙伴的力量,努力打造众阅商城,同时积极接受新思想、新理念,百尺竿头,更进一步。

主持人: 在未来将实现一个怎样的目标?

嘉宾: 我的理想是把众阅商城做到国内顶级的水准,当然现实与这个目标还有一定的距离。我会脚踏实地,一步一个脚印,不断朝着这个目标去迈进。

主持人: 创业至今,一路走来,您个人有什么样的心得和感悟?

嘉宾: 天道酬勤。我特别喜欢这四个字。只要愿意去付出,迟早会有回报,我也特别坚信这一点。在这么多年的创业历程中,我也曾经迷茫过,想要放弃过,但最终都一一坚持下来，正是因为不忘心中的信念。

主持人：对正在创业的年轻人有哪些忠告？

嘉宾：现在的年轻人思路活泛，思想新颖，只要踏踏实实做事，总会有自己的一片天地。我呢，和这些年轻人一样，都在实现目标的道路上奋力前行。我想说的是，在遭遇困难和挫折想要放弃的时候，再咬咬牙，再坚持一点，有时候，成功与失败，真的只有这一点之差。我们一起加油！

主持人：今天真的收获颇多，这样一位有理想、有策略、敢拼搏的企业家和我们分享了实实在在的经验和心得。我们也祝愿崔总的事业越做越强。非常感谢崔总的做客，本期的精彩就到这里，我们下期再会。

嘉宾：谢谢主持人，谢谢大家。

陈永敬

智能交通垂直搜索引擎、百票订票平台、中国餐饮美食平台创始人
深圳市捌幺捌电子商务有限公司 CEO

陈永敬，浙江青田华侨，20岁离开祖国去了意大利，有十几年的海外生活经历，办过服装加工厂，开过餐馆，开过服装超市，历经风雨。2011年又重新回到了中国，回国后创办大酒店和火锅店，2012年投身互联网行业，创办了智能交通垂直搜索引擎、百票订票平台、中国餐饮美食平台。

APP 介绍 APP Introduction

 智能交通垂直搜索引擎

网站介绍 Website Introduction

百票订票平台（www.bpdpw.com）以"百票"为LOGO商标，以BPDPW.COM为域名。百票订票是互联网和移动互联网相结合的综合性平台，为用户提供最前沿的行业资讯、最精准的产品以及价格、最活跃的供应商，同时通过商圈功能、地图功能可以与五湖四海的同行生意伙伴保持密切联系。只要登录客户端，用户就能及时地浏览行业信息、结识商业伙伴。平台为企业在瞬息万变的商海中搭建了全新、快捷、稳定的沟通平台，同时，也为企业在移动互联网行业中树立了形象，拓展了经营渠道，扩大了企业对外交流。

中国餐饮美食平台（www.meiyanmh.com）以"美宴"为LOGO商标，以MEIYANMH.COM为网站地址，致力于打造全球性的餐饮美食平台。该平台是一个拥有百度大数据、阿里巴巴大数据、腾讯大数据的多网整合平台，也是一个免费的餐饮业大数据网站。平台专注美食，是消费者的私人美食顾问，为客户提供专业、灵活的营销推广和全面化、多样化的商务信息服务，致力于打造餐饮业领先的垂直搜索电子商务平台。

订票上百票！百票平台，是以"百票"为LOGO，以www.baip.com为网址的互联网平台。是一个拥有全国最齐全票种的大型网站，其功能强大，技术过硬，安全可靠，并拥有独家云分销系统（商家管理系统，分销管理手机客户端和分销者H5微商城系统）。该平台主要经营：演唱会门票、电影票、曲苑杂坛门票、景点门票、火车票、汽车票、飞机票，船舶票等票种。平台以最新独创的经营理念，全方面的资讯和最新产品信息为用户提供最贴心，最实惠的服务。

《首届中国企业价值传播盛典》访谈内容

——陈永敬专访

主持人："探访人物故事，传播价值能量"，各位观众大家好，欢迎来到《首届中国企业价值传播盛典》，大型企业家访谈节目，我是主持人亚平。

本节目是由中国电子商务协会3G发展与应用工程和中国商业电讯共同主办，由新浪等多家权威媒体高度关注和支持。

如今随着"互联网+"浪潮的兴起，中国各行各业都正在迎来一场重要的变革，创新正在驱动着消费互联网向产业互联网加速迈进。欢迎我们今天的节目嘉宾陈永敬陈总，跟我们一起谈一谈如何利用互联网与传统行业深度融合。欢迎您，陈总。

嘉宾：主持人好，大家好，我是陈永敬。

主持人：陈总，据我了解，您已经从事传统行业很长时间了，阅历也是相当丰富的，能不能介绍一下您的经历呢？

嘉宾：好的，我是从20岁开始步入社会，刚开始我是一名推销员，我是把温州永加桥头市场销售市场里的小商品推销到上海的各大县里的供销社。在上海我用三年时间和三十家供销社建立了业务上的合作。三年后，我的亲戚把我带到意大利，在国外我又生活了二十年，打过工，办过服装加工厂，开过餐馆，开过超市，经历了风风雨雨。在2010年我又重新回到了中国，在上海我开过房产中介，因为2010年的房产风暴几乎失败了。之后又开了两家餐馆，餐馆还算比较成功的，赚了些钱。我在2012年又开始进入陌生的互联网，但家人和朋友都反对，因为他们都比较传统，只有我一个人认为，我选择进入互联网的决定是正确的，因为未来每个人的生活、工作都离不开互联网。

主持人：您已经那么有成就了，为什么要进入陌生的互联网领域呢？

嘉宾：现在是互联网和移动互联网的高速发展的最佳时期，全球都在高度关注互联网的大发展，互联网的区域经济将是未来的主流经济，21世纪的电子商务发展是必然趋势。

主持人：对于互联网有没有什么自己的认识和想法？

嘉宾：互联网现在可以随时随地的轻松购物，轻松交流，足不出户就可以买到实惠的商品。

主持人： 那您对于进入互联网方面有没有做哪些具体的准备呢？

嘉宾： 进入互联网方面，我主要是做三个网站。

主持人： 做了三个网站？能具体地聊一下吗？

嘉宾： 刚开始因为我是做餐馆行业的，所以第一个我做的就是中国餐饮美食网，因为这个网站是跟我的实体产业相结合的。

主持人： 能具体地介绍一下它有什么特点吗？

嘉宾： 该平台是一个拥有百度大数据、阿里巴巴大数据、腾讯大数据的多网整合平台，也是一个免费的餐饮业大数据网站。

主持人： 那第二个平台呢？

嘉宾： 百票订票。

主持人： 百票订票，LOGO比较特别，有什么特别的意义吗？

嘉宾： 百票两个字是我自己取的。因为我看到所有的手机软件上，很少有人用名字设计LOGO，我想如果我这样做了，可能跟人家就不一样了。我现在三个网站中，有两个都是用名字设计的LOGO，一个是百票，一个是美宴。

主持人： 所有的票，在您的网站上都能订到？

嘉宾： 基本上都能订到。

主持人： 基本上？这已经相当全面了。那第三个网站是什么呢？

嘉宾： 第三个网站是智能交通。

主持人： 智能交通？

嘉宾： 智能交通垂直搜索平台，这个平台是针对智能交通行业里面细分的专业垂直搜索。

主持人： 您能不能给我们具体地介绍一下，在创办这个网站的过程中，经历了些什么呢？

嘉宾： 这中间经历了很多事情，我刚开始开发网站是在2012年，之后我找了很多互联网公司，进行调查比较，在选择合作公司方面我就花费了差不多一年多的时间。

主持人： 还是比较谨慎的？

嘉宾： 特别谨慎，因为我怕选错公司，万一做出来东西不好，在市场上也就没有立足之地。

主持人： 在您创办这些网站的过程中，有没有一件事情让您印象特别深刻的？

嘉宾： 从2012年买了之后，2013年选公司合作，后面是2013年底的时候合作新的互联网公司，跟他们签了合同。刚开始合作的时候，只是开发一个手机软件，现在又重新跟他们合作开发比特云，它包含六个服务项目，有web站、wap站、移动APP、商信、第三方社交平台（微博）、服务网络（微信）。

主持人： 已经开始向互联网全面进军了，

那您自己认为这三个平台有什么优点？

嘉宾：第一网站：智能交通垂直搜索引擎提供精准、细化的搜索服务，针对智能交通行业进行了精准的品牌词汇定向，并结合移动APP可以提供LBS服务的特色，加强了地域性管理和筛选功能，因此使用智能交通移动垂直搜索引擎能取得更精准的搜索结果。智能交通平台今年已经成功加入百度联盟，成为百度联盟的会员。

内部功能包括：天气查询、定位、语音输入。利用大数据、电子地图定位等功能，让您智能交通出行更加便利化。

第二网站：百票订票平台以"百票"为LOGO商标，以BPDPW.COM为网站地址。订票上百票！百票订票是综合性移动平台，整合了上百家全国最知名的网站，拥有一支规模庞大、实力雄厚的技术团队，他们时刻走在技术前沿，跟踪IT行业科技的最新发展趋势，洞悉市场和用户需求的变化，锐意进取、积极创新，不断地将先进的技术应用到运营平台的产品研发、系统升级和维护之中，确保整个平台技术领先、服务稳定安全，并能根据市场和用户需求的变化随时提供量身定制的整体解决方案。比特云数据营销平台黄金版，提供演唱会、音乐会、歌剧、话剧、电影院优惠券、曲苑杂坛、体育赛事、亲子、火车票、飞机票、旅游等多种票务的销售和购买服务。

第三个网站：中国餐饮美食平台以"美宴"为LOGO商标，以MEIYANMH.COM为网站地址，致力于打造全球性的餐饮美食平台。该平台是中国餐饮业一个拥有百度大数据、阿里巴巴大数据、腾讯大数据的多网整合平台，也是一个免费的餐饮业大数据网站。我们专注美食，是用户的私人美食顾问，致力于打造业内垂直平台，专注于餐饮企业客户提供专业、灵活的营销推广和全面化、多样化的商务信息服务，中国餐饮美食平台将成为餐饮行业领先的B2C行业电子商务平台。

主持人：陈总，在您看来，互联网与传统的行业相比较，最大的优势是什么？

嘉宾：互联网较传统行业的优势，我觉得有很多方面。我个人总结了五个要点。第一个是覆盖面广，没有界限，能够跨世界，能够覆盖全球。第二个是传播速度快，鼠标一点，就立刻传到全世界。第三是功能比较齐全，搞宣传推广、招商、网上购物、网上结算，都相当便利。第四是传播速度快。第五条是成本低，互联网如今已经成为社会经济发展的动力。我觉得人们的生活已经离不开互联网了。

主持人：您对于平台的运营，有什么规划吗？

嘉宾：关于运营部分，我将和互联网公司，还有一些公司进行战略性的合作，尽量地满足客户的各种需求，不断的完善平台的内容，不断提升平台的档次，形成一个完整的产业链。

主持人： 近几年，互联网发展是相当迅猛的。在您看来，这个行业未来将会怎么发展呢？

嘉宾： 在我看来，互联网最有价值之处不在于自己生产很多新东西，而是对已有行业的潜力再次挖掘，用互联网的思维去重新提升传统行业。我从这个角度去观察，互联网未来影响传统行业的特点有三点：1. 打破信息的不对称，竭尽所能透明一切信息；2. 对产生的大数据进行整合利用，使得资源利用最大化；3. 互联网让市场拥有自我调节机制。我相信互联网未来将成为一种全新的生产力，引领和带动中国经济社会的大变革与大发展。

主持人： 您做过推销员、然后出国、成立公司、进军互联网等等，可以说您是一位非常传奇的人物了，相信在这个过程中您经历了很多，您有没有自己的人生感悟跟我们分享呢？

嘉宾： 我觉得创业是一条无比艰辛的道路，要勇于创新，不怕失败，要诚信，要有很好的沟通，要有坚定的信念，要有精确的判断力和良好的心态。古人云"细节决定成败"，一个人想要成功，必须先踏实做好每一件小事。"千里之行，始于足下"，任何的成功都是从第一步，以及后面的每一步开始积累起来的，只有甘于从平凡小事做起，一步一个脚印，不断地实现自己的目标，只有善于做小事的人才能做成大事。最后我希望更多的人参与进来，共同发展，一起回报社会。

主持人： "千里之行，始于足下"，只有甘于从小事做起，一步一个脚印，不断地去实现自己的目标，只有去善于做小事的人才能够去成就大事。非常感谢陈总的分享，本期的精彩节目就到这里，我们下期节目再会。

嘉宾： 谢谢主持人，谢谢大家的支持。

丁国祥

北京华油科技开发有限公司总经理

丁国祥,国内石油提炼行业的重要杰出代表,对于中国石油化工行业的未来发展有着自己独到的见解。现任北京华油科技开发有限公司总经理。公司经过多年研究和实践,独立自主开发了一项环保节能技术,并获得中华人民共和国实用新型专利,专利号:ZL2005200291713。该项专利主要是用于原油节能加热装置,利用该项技术和油田合作了15年,每年给油田节约了大量的原油,为环保事业发展做出了贡献。

中国石油化工网(www.zgsyhg.com)是集石油化工资讯、石油化工设备于一体的石油化工行业网站,是专业的集多种电商营销模式并存的石化大宗商品交易服务平台,平台可缩减运营成本和环节,聚合引导社会资本,构建交易信用评价体系,助推石化产业发展。

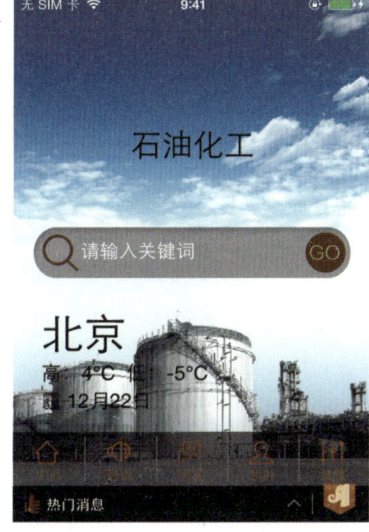

《首届中国企业价值传播盛典》采访内容
——丁国祥专访

主持人："探访人物故事，传播价值能量"，各位观众，大家好！欢迎来到《首届中国企业价值传播盛典》大型企业家访谈节目，我是主持人亚平。

本节目是由中国电子商务协会3G发展与应用工程和中国商业电讯共同主办，由新浪等多家权威媒体高度关注和支持。

互联网的普及开创了一个全新的时代，传统的经营模式已经逐渐无法满足线上线下的广阔市场需求，要跟上时代发展的步伐，各行各业就必须及时有效地利用互联网这项有力工具来开拓思维，探索更高效的经营模式。石油行业亦是如此，如今石油行业处于低谷期，顺应趋势创新就更必不可少。丁国祥丁总正是看到了互联网的巨大潜力，决定创办"石油化工"平台，利用互联网来聚合线下资源，开拓线上市场，拓宽经营渠道，进一步占据市场份额。让我们欢迎今天的节目嘉宾，北京华油科技开发有限公司总经理：丁国祥，让丁总跟我们谈谈他如何带领企业通过"石油产业链+互联网"实现商业模式的创新。欢迎您，丁总！

嘉宾：主持人好！大家好！我是北京华油科技开发有限公司——丁国祥。

主持人：丁总，作为一家长期服务于企业客户的能源企业，北京华油科技开发有限公司的主要产品是什么？

嘉宾：石油行业具有很强的周期性。全球石油消费量还在增长，中、印、俄等能源大国的需求量很大，只中国1.4亿辆汽车的油品消耗就不得了。我们公司经过多年研究和实践，独立自主开发一项环保节能技术，并获得中华人民共和国实用新型专利，专利号：ZL2005200291713。该项专利主要是用于原油节能加热装置，利用该项技术和油田合作了15年，每年给油田节约了大量的原油，为国家的环保和节能做出了一定的成绩，是一个利国利民的好项目和技术。

主持人：您是从事传统石油产业的，如今您又转型互联网行业，您跟我们谈一谈是什么契机让您接触互联网这个行业的？

嘉宾：在适当的时机做适当的事。最近，有关"互联网+"的讨论不绝于耳，像我们这种传统企业要拿它作为转型升级驱动力，创业者要拿它开辟新天地，专家把它看成中国经济发展的新希望，政府也把它当作中国时代新引擎，可以说"互联网+"已经火遍大江南北。所以我们企业也积极创新，以"互

联网+石油"的模式，大举进军大众消费市场。依托其20多年来苦心经营的石油产业链及油品物流供应链体系，推出了石油化工网站和石油化工垂直搜索引擎APP。

主持人： 网络媒体让人眼花缭乱，您为什么会着力打造中国石油化工网站和石油化工垂直搜索引擎APP呢？

嘉宾： 本身我就是从事石油化工行业，并且中国作为全球最大油气消费国之一，在"资源为王"的时代，中国石油工业的地位已不容小觑，中国原油生产进入世界前4位。我们创办石油化工网站和石油化工垂直搜索APP，引入互联网手段，其目的就是要利用好周期性的杠杆，开启大众储油、全民储油的时代，让民间消费者在油价的波动中控制用油成本、对冲价格风险。

主持人： 国际油价低位震荡将对石油行业带来哪些影响？

嘉宾： 国际石油市场上供大于求的基本情况是导致近期油价下挫的主要原因。在这种冲击下，石油行业企业要抓住机会，转变观念，借助互联网等信息技术打造一个全新的商业模式，为行业的结构转型升级以及市场环境改善提供推动力。借助物联网、云计算、大数据等新一代信息技术浪潮的兴起，与信息技术不断融合。

主持人： 您开发这产品，对于整个行业而言，这种探索的意义何在？

嘉宾： 我们多年心无旁骛地做石油，完全是凭借我们对这个行业的热爱，把企业当成事业在做。现在向"互联网+"转型也是这样，并不是追求一锤子买卖，而是要把这个事业发扬光大。我国的能源市场正在走向更加开放，管控在逐步放开，这对民营能源企业而言是一个巨大的发展机遇。

主持人： 丁总，在国家极力倡导"互联网+"的大环境下，您后期将如何运营这两个平台呢？

嘉宾： 当前，我们国家大力提倡创业创新，并且提出了"互联网+"的战略部署，推动利用互联网技术和平台改造及提升传统产业。我们石油化工平台将改变成品油的传统消费模式，为消费者提供新的购买渠道，对行业的发展也有借鉴意义。未来需要做几件事以获得更大的发展潜力：

一是优化平台的结构，以方便对浏览页面的数据进行时时掌控从而提供最新石油行情资讯，获得更多的流量入口和广泛的客户基础；

二是加大网站的运营工作，做区域拓展，通过推广优化来完善网站的漏洞来提升用户体验；

三是加大宣传力度创品牌，赢得消费者的青睐。

主持人： 那么，您的近期运营目标是什么？

嘉宾： 石油化工网站和垂直搜索，我们计划用两三年时间先做好国内市场，迅速占领中国成品油、燃料油和陆地及海上的线上线下销售市场，然后把这个平台推向全球。

如果"石油化工"能成为一个能源的交易平台，让消费者能在网上买卖我们的油品，这将是一大创举，也是一件令人无比兴奋的事情。

主持人：创业历程有哪些难忘的人生经历，能跟我们分享一下吗？

嘉宾：白手起家，带领待业青年创业。引进大口径无缝管。

主持人：陪着公司一路走来，个人有什么样的感悟或者领悟？

嘉宾：创业要有创新思想，有开拓精神，不要被困难打倒要迎难而上。

主持人：节目最后，对年轻人有哪些创业建议？

嘉宾：建立中国石油化工行业平台的初衷就是给年轻人一个打造自己、塑造自己的平台，帮助年轻人创业。

主持人：非常感谢丁总做客我们的节目，跟我们分享了这么多精彩的内容，让我们对于石油行业有了新的认识，携手互联网，共创石油化工平台最好时代，丁总也必将以更高的热情，持续推动行业变革与繁荣。今天节目就到这里，谢谢大家！

嘉宾：谢谢主持人，谢谢大家！

冯 权
天津卡斯汀模具制造有限公司总经理

1990年9月至1993年7月,在沈阳大学机械工程学院就读,攻读铸造专业。

1993年8月至1996年12月,在国营天津纺织机械厂工作,担任铝锭翼分厂低压铸造工程师、团支部书记。

1997年1月至2004年8月,在美资企业天津格兰德关键制造有限公司担任技术主任。

2004年9月至2006年12月,在浙江省玉环县卡博铜业制造有限公司担任总经理。

2007年1月至2010年1月, 在杭州春江阀门有限公司铜业制造分公司担任总经理兼总工程师。

2011年8月,创建了天津卡斯汀模具制造有限公司,担任总经理。

公司介绍 Company Introduction

天津卡斯汀模具制造有限公司是生产铸造模具的专业厂家,具备开发、设计、制造各种铸造模具的能力。

公司技术实力雄厚,检测设备齐全。实现了计算机CAD三维辅助设计、CAM编程CNC加工为主要生产手段,铸造工艺辅以CAE凝固模拟,在天津铸造模具制造行业处于领先水平。

公司主要产品包括:钳体、钳架、转向节、刹车盘以及刹车鼓等各类汽车零部件铸造模具;各类增压器的压壳、涡壳和中间壳铸造模具;各种阀门、泵体及管件的铸造模具;高压线路的线夹、间隔棒、防震锤等浇铸模具。模具广泛应用于汽车、拖拉机、机床、电机、水泵、叶轮、阀门、船舶、电站、纺机、摩托车、压缩机等各行业。

《首届中国企业价值传播盛典》访谈内容

——冯权专访

主持人："探访人物故事，传播价值能量"，各位观众，大家好！欢迎收看《首届中国企业价值传播盛典》大型企业家访谈节目，我是主持人亚平。

本节目是由中国电子商务协会 3G 发展与应用工程和中国商业电讯共同主办，由新浪等多家权威媒体高度关注和支持。

李克强总理在两会期间所提出的"互联网+"行动计划之前，就有这么一位企业家，他不仅在传统的模具行业做的风生水起，同时呢，也在互联网方面有所建树。今天就让我们欢迎本期的做客嘉宾，天津卡斯汀模具制造有限公司总经理兼模具平台创始人冯权冯总。冯总，您好！

嘉宾：主持人好！大家好！我是天津卡斯汀模具制造有限公司总经理冯权。

主持人：其实，我们对于模具行业并不陌生，在我们生活的方方面面都能体会得到，那么冯总您的企业是生产哪种模具类型的呢？

嘉宾：好的，我们天津卡斯汀模具制造有限公司是生产铸造模具的专业厂家，具备开发、设计、制造各种铸造模具的能力。

我们的产品主要有这么几个类型：首先是刹车器、刹车盘、刹车鼓、差速器、转向节等等的一些汽车的零配件。第二，有涡轮、涡壳一些增压器的一些配件的铸造模具。第三个类型，有阀门、泵体、管件的一些铸造模具，总的来说，所有机械行业的一些铸件我们都可以给他提供模具。

主持人：听您这么一说，我好像觉得这个特别难，这个是不是技术含量需要特别的高？

嘉宾：可以这么说吧，模具厂本身就是一个高技术含量的行业。尤其作为铸造模具，我们的工程技术人员不仅需要有模具的一些知识。比如说，3D、2D 的 CED 设计，CM 计算机辅助制造，CAE 计算机模拟浇注系统，这个都是需要了解的。但是在这个基础上，他不仅要具有模具的设计和制造能力，而且要懂制造工艺，这就是我们模具行业的难点所在。

主持人：有没有一款让您记忆特别深的产品？

嘉宾：当然有啦！比如现在，随着我们公司的不断发展，我们所承揽的一些业务，也越来越前沿，比如前期我们开发了一款什么模具呢？就是西气东输这个工程上用的天然气压缩机的一些主要零件。它的模具是我们帮着设计的，因为它的难度比较大，用常规的模具方法，根本无法飞行。这个客户也是找了两家模具厂，然后因为难度太大，不敢接这个业务最后找的我。我们的技术团队将这个进行了一番认真的讨论和研究，最后，制定出了一种独特的工艺。这个产品最后用八个油芯，来拼装出它的内部型腔，然后每个芯子，需要一些活块，可以说难度是比较大的。经过我们这个团队一个月的努力最后终于顺利地开发出这款模具。这套模具也为我们这个客户在这一领域赢得了市场的先机。他对我们也是非常感谢的。所以我们跟客户的关系应该是双赢，甚至是多赢的一个关系。

主持人：您这个模具主要是运用于哪些领域呢？

嘉宾：这个领域非常广泛，可以说机械行业有70%的零件是铸件。

主持人：70%？

嘉宾：70%的零件是铸件，我们是做铸造模具的。所以说我们的应用范围是非常广泛的，我现在对客户提出一个理念，是什么理念呢？我们卡斯汀模具不只是制造模具，我们关键是要为铸造企业提供一套解决铸造工艺的完整方案，这是我们的一个整体思路。

主持人：也就是说，我们这个模具行业其实也是要求创新的。是这样吗？

嘉宾：是这样的。

主持人：现在许多传统行业正在和互联网结合发展，您是如何看待这样的发展趋势呢？

嘉宾：好的，我简单地介绍一下吧。首先，作为传统的模具生产厂家，我们天津卡斯汀模具始终是以技术为先导，靠着科学的管理与日益创新的精神在模具市场博得了一席之地。在目前经济压力比较大的形势下，我们依然保持着50%的增长率。这个在实体公司来说，应该是一个很不错的成绩。

主持人：达到50%。

嘉宾：对。但是和现在互联网飞速发展的速度来比，这个成绩就显得微不足道。而且，对于传统的实体企业说，这个基数发展到一定程度以后，想要再以较高的速度发展，难度是非常大的。那么，我有一个想法，就是想借助互联网。

主持人：跟互联网结合起来。

嘉宾：对，我是想在互联网建立一个模具行业的一个官方平台，那么靠着这个平台，可以把模具资源进行有效的整合。那么这个资源，一个是可以大大地促进我实体公司的发展，同时对整个行业资源进行整合。对整体行业也是一种促进。

主持人：您已经开始做这个模具平台了吗？

嘉宾：是的。我们创建了一个模具方面

的移动垂直搜索引擎，我们这个搜索不是传统意义上的垂直搜索引擎。它实际上是移动客户端的一个APP软件，传统的搜索引擎一般搜出的结果信息量比较大。比如说，搜"模具"这个词吧，有时候搜出的结果，有文章、网站、一些新闻，而我们的客户一般想要了解的是模具或模具生产厂家，那么我们这个APP就很好地解决了这个问题。

主持人：能够让我们的客户在众多的信息中，找到需要的东西。

嘉宾：对。是基于模具供求关系的一个上下文。在这种情况下，搜出的信息往往不是我们想要的，信息量太大，用移动客户端搜出来的结果就比较精准。比如说我们搜出的结果，经常就是模具生产厂家、和一些模具产品，这个是我们需要的。那么，随着我们这个平台应用的时间加长，慢慢的客户会产生一种粘着性，他觉得用这个平台很方便，所以，随着时间的推移和使用次数的增多，他会慢慢地青睐这个软件。

主持人：非常的便捷，如果我觉得好用的话，我估计以后就不会再去找其他的网站了，因为它可以满足我现在的需求。

嘉宾：现在移动互联网发展的速度特别快，我感觉这是一个趋势。随着网络经济和信息经济的发展，以及电子商务的崛起，我们的营销渠道，发生了一次重大的改革。拿我们的传统行业来说吧，以前我们注重的都是产品的质量、产品的革新、产品的口碑，主要是关心这些，比较实际一点的东西。但是，在品牌的营销、包括品牌的推广，它和互联网的营销模式来说，传统行业就显得微不足道了。所以，我们就想借助互联网这个平台和这个实体经济有效地结合起来，这样能给我们企业提高很大的帮助，和很好的发展空间。

主持人：没错！只有我们把那个互联网和传统的行业相结合，我们的企业才能够发展得更好，那您觉得我们这个行业未来的发展前景怎么样？

嘉宾：模具是机械行业的基础，并且是一个技术含量比较高的行业，但是近几年，一些小的模具企业发展良莠不齐，经常利用一些价格战恶性竞争，也严重影响了模具市场。我的观点呢，模具行业还是应该以技术为先导，为用户提供满足他们使用的这种模具产品为己任。

主持人：也就是说，我们还是要以客户为主，要保证我们的质量，提高我们的技术。

嘉宾：对，这个是没错的。我们应该以为用户提供模具以及技术支持为己任，和用户实现双赢，甚至多赢，这是我的目标。那么对于模具行业的前景，我们从国家未来发展的层面上来看，目前国家对于互联网行业进行大力的推动和支持，作为传统行业，我们更要响应国家的号召，尽快与互联网紧密地结合起来，我相信与互联网的结合一定会为行业未来发展带来更广阔的市场前景。

主持人：其实我们的模具行业，应该以科技为先导，只有不断创新，才能够做到真

正的双赢和多赢。我们的公司有没有做哪些创新？

嘉宾：企业要想创新，必须首先了解行业最前端的一些技术，我是怎么做到这一点呢。首先，我是天津铸造学会理事，经常参加天津铸造学会甚至中国铸造学会的一些学术交流和展会，通过这些活动，我可以准确的了解到，铸造企业发展的一些趋势和他们对模具方面的需求。我们就可以有针对性地把握他们的需求，把这个技术加到模具上，为客户提供一种完美的技术支持。

主持人：就是理论和我们的实际相结合了。

嘉宾：嗯，对是这样的。现在我们公司开发了模具方面的垂直搜索引擎，我是这样想的，我们不仅要对模具产品在技术上进行创新，而且，我们要在经营模式上也进行突破和革新。

创新，永远是一个企业发展的源动力，我们也在不断地学习和掌握铸造行业的新技术，将这些技术应用于模具中，从而为铸造企业提供超出预期的技术服务。

主持人：那您觉得在未来，我们的互联网新兴产业会有哪些机遇和挑战？

嘉宾：互联网是一个新兴的产业，它给我们的生活带来了翻天覆地的变化。目前，互联网公司的业绩正以几何基数的速度增长，面对这股新兴的力量，我们不应该消极等待，而应该积极参与，及时地介入到互联网中，利用互联网得天独厚的一些优势，更好地为企业实体乃至整个模具行业去服务。

主持人：冯总，您说的特别棒，那对于企业的未来，您有没有什么愿景和期待？

嘉宾：作为一名模具行业的经营者，首先当然是希望自己的公司能够越做越大、越做越强，同时，我们更希望通过与互联网的有效结合，能为更多的客户提供优质、新型的模具产品，与更多的客户进行合作。最终将我们天津卡斯汀模具制造有限公司打造成华北地区有影响力的模具生产企业之一。

主持人：相信您的这个愿望一定会很快就能实现的。线上网络与线下实体相结合，必定形成一种全新的经营模式。传统行业并进互联网可以说是一种机遇，同样也是一种挑战，只有不断的创新，不断的前行，才会让企业走得更加长远。

本期的精彩就到这里，我们下期再会！

嘉宾：谢谢主持人，谢谢大家！

郭 玲

昆明市五华区健诺阁床上用品经营部总经理
磁功能健康产品创始人

　　郭玲，云南省昆明市人，从事磁功能医疗保健行业10多年，具有丰富的从业经验，对磁疗保健有很深的认识和研究，拥有属于国内最先进的磁疗系列产品，通过自己的不断努力成立了健诺阁床上用品经营部。公司始终坚持以"以人为本，诚信为先"为宗旨，深受消费者的认可。2014年下半年进入互联网领域，创建"磁功能健康产品"平台，整合了磁疗医药保健行业资源，形成了大数据网上平台模式。

　　磁功能健康产品大数据平台整合包含磁疗、保健、养生、美容、医药等互联网渠道，通过数据分析、商业工具等形式来帮助用户实现展示、推广、运营的需求。同时磁功能健康产品比特云不仅有效整合了WEB站、WAP站、移动APP、商信、第三方社交平台（微博）、服务网络（微信），还提供了有效的运营分析数据，集行业的产、供、销等供应链以及周边相关行业的企业、产品、商机、咨询类信息，通过第三方社交网络营销推广，利用大数据进行规整和聚合。

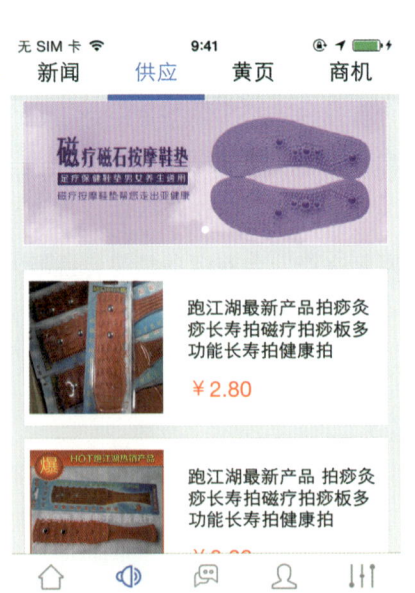

顾定梅
中国米奇妙网站、跳跳小熊网站、生肖王网站创始人

顾定梅，从事童装行业多年的业内知名专家。原苏州华鸿天润针织运动服装有限公司总经理。公司系香港华信集团下属的全资公司，注册资金210万美元，主要加工著名品牌运动服饰以及其他各式休闲服、内衣、童装，产品质量上乘，远销世界各地。2013年，顾定梅为了全面提升童装产业，预计在3年内完成童装与互联网的对接，实行"互联网+童装"的重大战略，全力打造中国米奇妙、跳跳小熊、生肖王童装网站，引领童装潮流的设计中心、国内童装的营销中心和童装产业信息发布中心。

网站介绍 Website Introduction

"中国米奇妙"（web.miqimiaowang.com）童装网站上线，米奇妙是风靡全世界的经典卡通人物，米奇妙童装则是以这些卡通人物为设计主题的一个世界性的儿童品牌，其主要生产销售4-14岁的儿童服饰，并以运动休闲服为主，多采用针织面料、色彩鲜艳、穿着舒适；图案则围绕着机智勇敢、活泼善良的米奇和它的好朋友们身边发生的一些有趣的故事而设计；不同色彩的组合，带给小朋友全方位梦幻般的感觉。"中国米奇妙"童装网站线上发展有效地完善了童装品牌的塑造，同时可以降低渠道成本和风险，有效聚合碎片化的消费者，减少库存风险，实现产品销售和品牌建设的有效整合。

国内著名的童装品牌——"跳跳小熊"通过拓展网络营销渠道，成功打造"跳跳小熊"（web.tiaotiaoxiaoxiong.com）童装网站，将童装业务从线下扩展到了移动互联网上，成功开启了移动互联网新渠道，迅速提升了自身的品牌竞争力，给童装行业的发展提供了一个全新的思路。"跳跳小熊"凭借网络渠道优势能有效地增加公司和客户之间的互动，为公司提供了一个更为理想的营销思路。相信在不久的将来，"跳跳小熊"的创新营销模式，必将成为服装企业摆脱行业束缚，引领行业趋势的先行军。

随着80后出生的独生子女成长为年轻父母，童装的消费也越来越细化，无论是材质、舒适度、靓丽程度，还是时尚个性等特点都成为父母追逐的方面。同时，全面的高消费时代，来势凶猛的高端化消费浪潮也成就了童装行业未来的市场规模。"生肖王"（web.shengxiaowangwang.com）品牌童装网站的创建不仅仅是营销渠道的拓宽，同时也是经营服务的不断整合和丰富，为传统的服装行业提供了全新营销模式。通过"生肖王"品牌童装网站，可以展示公司动态、发布新品信息、与消费者互动沟通等市场需求，尤其是对未来开展移动营销进行行业交流、获取商机意义重大。

韩成刚

泸州国牌酿酒有限公司 CEO，白酒 APP 创始人

韩成刚，2000 年以前在泸州国牌酿酒有限公司做销售管理；2001 年起在泸州市酒厂、泸州老池酒业集团做销售总经理；2006 年开始接触互联网；2012 年开发白酒 APP 客户端，从而让企业进入移动互联网时代；2013 年参加了北京钓鱼台国宾馆首届手机客户端研讨会；2014 年选定国牌酒业为核心开设泸酒全国连锁加盟店，获创业者认可。

APP 介绍 APP Introduction

白酒 APP 是个以白酒商品为主的网上营销平台。在这个平台上不仅可以阅读到新的行业资讯及动态，而且可以查看到全国行业厂家的产品情况，为生产厂家、商家与市场流通之间架起信息沟通的桥梁。"白酒"APP 不仅提供了信息交流、互通信息、学习交流的专业平台，而且让厂商获得了更多的合作渠道，增加开展品牌活动、扩大了企业品牌影响力。同时白酒 APP 平台设有创业基金版块，帮助年轻人创业就业，招募天下草根英雄加盟！

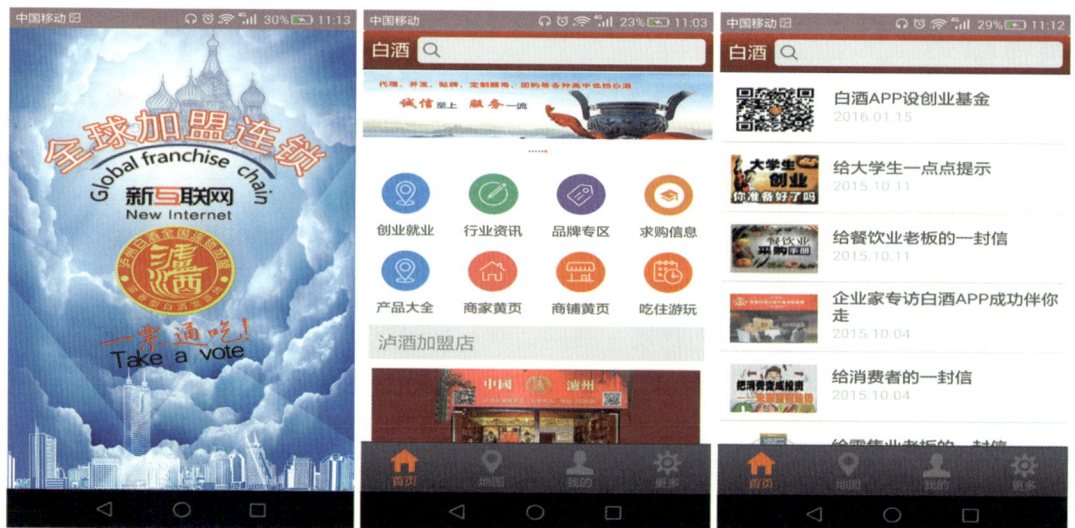

《首届中国企业价值传播盛典》访谈内容

—— 韩成刚专访

主持人："探访人物故事，传播价值能量"，各位观众，大家好！欢迎来到《首届中国企业价值传播盛典》大型企业家访谈节目，我是主持人亚平。

本节目是由中国电子商务协会3G发展与应用工程和中国商业电讯共同主办，由新浪等多家权威媒体高度关注和支持。

中国传统文化博大精深，而酒文化也是源远流长，被古今文人墨客所钟爱并成就了无数的佳作，给了英雄豪杰不凡的壮举，赐予文化浓厚的生活气息，历史与文化也给了酒全新的注释。中国可以说是酿酒的发源地，有着世界上独创的酿酒技术。今天我们有幸邀请到了泸州国牌酿酒有限公司CEO韩成刚，为我们揭开白酒行业神秘的面纱。韩总您好！

嘉宾：主持人好！大家好！

主持人：韩总您从事白酒行业多少年了？

嘉宾：有三四十年了。

主持人：三四十年了！您自己会制酒吗？

嘉宾：会啊！

主持人：其实我国的酒文化非常深远了，您能不能和我们简单的介绍一下？

嘉宾：中国的酒有四大香型：浓香型、酱香型、米香型、清香型，后来又有了凤香型、芝麻香型、浓头酱尾的兼香型，以后还有更多的香型会出现。

主持人：这是味觉方面的分类是吗？

嘉宾：这个香型是冷藏工艺的不同，但是，也大同小异。

主持人：大同小异？

嘉宾：对，如果是酱香型，它是高温发酵。浓香型，它是中温发酵。它两个是不同的，浓香型是一杠，酱香型是十四半杠。两个杠不同，那个酵母有一点点差距。

主持人：那泸州的酒跟其他的酒相比有什么不同？

嘉宾：泸州是浓香型。

主持人：您已经从事白酒行业这么年了，可以说是我们这个行业的老前辈。您觉得我们这个市场怎么样？

嘉宾：市场，是一个起伏不定的波浪时代。

主持人：波浪时代？

嘉宾：嗯，波浪时代，好一段时间，又差一段时间。这段时间百姓消费好像差了一点，但是，量还是没减，老百姓还是同样的享受白酒。

主持人：嗯，其实老百姓，对于中国这个酒文化还是具有独特的钟爱的。

嘉宾：对。它是一种传统文化，中国是礼仪之邦。酒里面就含有亲情、友情、孝道，所以说它是中国根深蒂固的一种传统文化，要传承下去。

主持人：您觉得经营白酒行业最重要的是什么？

嘉宾：爱心，主要是良心酒。

主持人：良心酒？

嘉宾：良心酒，良心酒除了保证酒的品质以外，就是不要过度的包装。过度包装只是会提升酒的价格，老百姓得不到实惠。

主持人：您自己的企业经营的是哪种酒呢？

嘉宾：我们涵盖了中高低档的酒。

主持人：韩总您觉得怎么样才能更好地让互联网和传统行业相结合呢？

嘉宾：自李克强总理在政府工作报告中提出"互联网+"概念起，传统行业的新契机就到了，互联网+生产型企业，生产型企业+连锁店，连锁店再加创业的人，就构成了一个线上线下相结合的庞大群体。

主持人：就是和互联网相结合了，韩总线下我们有连锁店，那么线上呢？

嘉宾：线上那就是我们的白酒APP。

主持人：就叫白酒APP客户端吗？

嘉宾：对，就叫白酒APP客户端，

主持人：它是一个怎么样的平台呢？

嘉宾：移动平台。

主持人：和我们同类平台相比，您觉得它有什么优势？

嘉宾：优势在于它把最传统的企业和最先进的互联网连在一起。

主持人：使传统的企业和最前沿的移动客户端相结合了是吗？

嘉宾：对，传统行业必须有先进的移动平台带领着连锁店走，连锁店发展起来后就能带动这个移动平台的宣传。

主持人：嗯，您有没有想过我们今后这个平台要达到一个怎样的目标？

嘉宾：今后我们还要不断的走出去，不断学习，充分发挥移动互联网的功能作用，做好线上线下的产销一体化，使白酒APP生机勃勃。

主持人：那您有没有具体的措施，比如把我们的这个网站推向全国？

嘉宾：是的，那是必须这么走，推向每个人的生活之中，一是口碑宣传，口口相传，让用户都知道这款白酒手机客户端APP，二是靠大型互联网公司技术上的支持，线上线下结合起来。

主持人：韩总对于白酒APP平台，在未来3-5年您有什么规划吗？

嘉宾：我们的计划是在三到五年建立一个泸酒加盟连锁店，让当地的零售店、超市、饭店加盟到我们的网站上来。同时向每个乡镇发展，创建农村网站，把农民无公害的产品也加盟到我们网站上来。可以购买到家养

的猪，土鸡，土蛋、土菜等。等我们完成村级站以后，计划向全世界推开，形成一个地球村。

主持人：您在这行也已经做了三四十年了，我相信您这一路也是风风雨雨一路打拼过来的，有什么忠告或者是建议给我们这些现在刚创业的朋友说一说呢。

嘉宾：其实一路走来，创业过程都是不易的，非常艰苦的。创业的年轻人很多，但是成功的还是少数，我觉得创业最重要的就是坚持，坚持就是胜利，也要不断创新，不断充实自己。其次要看准目标，看准国家政策。最后就是不断学习，紧跟时代步伐。这样才能有好的发展，好的未来。

主持人：听了韩总的一番话真是受益匪浅。感谢韩总的精彩分享，相信我们大家对酒文化都多了几分了解和认识，同时我们也希望白酒 APP 能更快更好地走进每个人的心中。也祝愿泸酒加盟连锁店早日开到全国各地遍及各乡镇。本期的精彩节目就到这里，我们下期节目再会！

嘉宾：谢谢主持人！谢谢大家！

宦才连

盐城市瑞晟物资有限公司总经理，机械工业垂直搜索创始人

　　宦才连，江苏人，父辈都是从事机械行业，从小接受父辈们的熏陶，一直在这个行业努力拼搏。经过多年的努力，在2004年8月份，创建了自己的公司——盐城市瑞晟物资有限公司。随着"互联网+"时代的到来，宦才连总经理紧跟时代的步伐和互联网公司合作创建了机械工业垂直搜索。

APP 介绍 APP Introduction

《首届中国企业价值传播盛典》访谈内容

——宦才连专访

主持人："探访人物故事，传播价值能量"，各位观众，大家好！欢迎来到《首届中国企业价值传播盛典》大型企业家访谈节目，我是主持人亚平。

本节目是由中国电子商务协会3G发展与应用工程和中国商业电讯共同主办，由新浪等多家权威媒体高度关注和支持。

机械工业素有"工业的心脏"之称。它是其他经济部门的生产手段，是一切经济部门发展的基础。在工业化过程中，机械工业的增长带动了GDP与整个制造业的增长。它的发展水平更是衡量一个国家工业化程度的重要标志。现在随着互联网行业的快速发展，机械工业面临的将会是一个怎样发展契机呢？今天我们邀请到了盐城市瑞晟物资有限公司总经理，垂直搜索创始人，宦才连，宦总。让他和我们谈谈机械行业今后的发展。宦总您好！

嘉宾：主持人好！大家好！

主持人：宦总您是如何接触到机械行业的？

嘉宾：原先父辈经营的就是与机械行业相关的私营企业，从小看着父亲努力闯荡为家计奔波，我突然也很想在这个行业闯出我的一片天。我想这就是我进入这个行业的初衷。

主持人：您是什么时候创建的公司？

嘉宾：2004年的8月份。

主持人：嗯，公司在发展期正好赶上2008年的金融危机了，能不能介绍一下当时的情况？

嘉宾：当时的钢材价格一路走高，板材一直冲到五六千左右，但是没过两个月又下降到二三千左右。

主持人：当时的起伏那么大，您是怎么度过那段艰难时期的？

嘉宾：当时就懵了，因为刚刚入行不久，所有的资金本身就少，库存还挺大，损失挺严重。当时没办法，为了生存，就把厂子整体缩小了，也不用工人了，开始自己做工人、自己做老板，自己做会计，后来慢慢缓过来了。

主持人：嗯，一个人身兼数职，那么现在呢？现在发展形势怎么样？

嘉宾：整体发展趋势还是不错的，不过钢材的价格还是有很大的起伏，最高的时候六千多，低的时候一千多块，现在差不多是在一千九百多。

主持人：现在很多传统企业利用网络来

推销自己的产品，您是怎么看待这种现象的呢？

嘉宾：现在网络营销是非常受欢迎的，一是，可以通过互联网把产品信息发布到网站上，将企业营销信息以高效的方式向目标用户、合作伙伴、公众等群体传递；二是，通过互联网进行网站推广，对于我们这种中小型企业来说，因为经营资源的限制，发布新闻、投放广告、开展大规模促销活动等宣传机会比较少，因此通过互联网进行网站推广的意义显得更为重要；三是，网上销售是企业销售渠道在网上的延伸，同时还有许多针对性的网上促销活动，一个具备网上交易功能的企业网站本身就是一个网上交易场所；四是，互联网提供了更加方便的在线顾客服务咨询，通过网络营销的交互性和良好的顾客服务，为建立良好的顾客关系、提高顾客满意度和顾客忠诚度奠定了基础。所以，我很看好网络营销，这是发展趋势。

主持人：现在互联网快速发展，给传统企业带来了机遇和挑战，互联网时代的到来，您认为互联网给您的企业带来了什么？

嘉宾：现在是网络高速发展的时代，互联网与传统行业相比有很多优势，我个人总结了五大要点：一是覆盖面广没有界限，可以跨世界，能够覆盖全球；二是传播速度快，鼠标一点立刻传到全世界；三是功能比较齐全，搞宣传推广、招商、网上购物、网上结算等都是相当便利的；四是工作效率高；五是成本低。互联网如今已经成为社会经济发展的动力。我们可以利用互联网的优势，发展业务、争取新客户，降低成本、增加利润，延长营业时间、开阔市场。我觉的人们的生活已经离不开互联网。

主持人：您在互联网方面做了哪些准备？

嘉宾：我们公司和知名互联网公司合作，创办了机械工业垂直搜索。

主持人：您能和我们谈谈机械工业垂直搜索有什么特点或者优势？

嘉宾：机械工业垂直搜索平台可以说就是一个APP软件。它是针对某一个行业的专业搜索引擎，是搜索引擎的细分和延伸，是对网页库中的某一类专门的信息进行一次整合。机械工业垂直搜索引擎提供了精准、细化的搜索服务，针对机械行业进行了精准的品牌词汇定向，并结合移动App加强了地域性管理和筛选功能，因此使用机械工业垂直搜索引擎能取得更精准的搜索结果。

主持人：也就是说，我们可以在您的这个平台上能找到所有的机械类信息，但是，您当时为什么做一个机械类的，而不是单纯钢铁类的一个平台？

嘉宾：我想做的是一个整合类平台，而钢材只是其中的一部分。我认为要敢想敢做，才能获得更大的成功。

主持人：您对这个垂直搜索今后的发展您有什么期待？

嘉宾：对于机械工业垂直搜索平台今后的完善我要做到以下几点：

我所创办的这个机械工业垂直搜索就是结合了现代人对机械行业的需求以及机械行

业内部工作者的追求而考量定位的。我希望我的这个机械工业垂直搜索可以在互联网中得到大力发展，希望在日后的市场环境中占据领先地位，同产业的竞争中占有可观的市场份额。

主持人：宦总，在目前竞争激烈的大趋势下，您将采用怎样的市场战略？

嘉宾：市场战略说不上，我一直坚信我们的经营理念：以科学技术为先导，现代管理为核心，企业品牌为标志，创造效益为目的。做思想巨人，做行动的铁人，奉行把个人的发展与公司的发展做到最完美有机结合。生意诚为本，经商先做人是我们追求的宗旨。

主持人：在行业历经多年发展，如今行业都在进行整合、融合，请问您怎么看待行业未来发展？

嘉宾：就目前的大环境下，2015年可能是机械行业面临的又一个寒冬，整个行业处在低迷区，产品价格持续走低，导致各大型制造业均无单可做，人工成本却又持续上涨，造成利润微薄；而这些负能量往往需要中间企业买单，而这些企业普遍面临融资、技术创新等方面的问题，这些问题与当前形势相碰撞往往就是企业的一个转折点，或败或胜。所以更需要企业积极的技术进取，通过互联网技术手段，降低交易成本，优化物流运作，降低物流成本，创新融资模式，获得低成本融资服务等，走上互联网的通道，我认为这是行业的未来发展趋势！

主持人：宦总，您从04年创办了自己的第一家公司，08年的时候碰到金融危机，一直到现在我们又到了行业的低谷了，中间遇到很多事情让您很难忘，能否将您自己的人生感悟和我们分享一下？

嘉宾：人生感悟谈不上，我就随便说说吧。其实我本人并不是个拥有多高学历的高材生，但是在生意场上我并不怯懦，因为我有一个想一心支撑的家，我有需要关爱的妻子和需要呵护的孩子。我想这可能是我在这条路上走的比较坚定的原因，但是可能是出于我是家里顶梁柱的原因，我不甘于只是这样维持我的事业，所以我总是不断充实我的内在素质，了解当下的形势并且主动出击。"坚持、创新、突破"，这三个词汇可能就是我想抓住的人生感悟。

主持人：一个企业要想快速发展就要在坚持中创新，创新中不断的突破。非常感谢宦总的精彩分享，也希望宦总的公司越做越好，越做越大啊！

我们本期的精彩节目就到这里，我们下期再见！

嘉宾：谢谢主持人！谢谢大家！

侯立军

商河特丽洁物业管理有限公司董事长

侯立军，毕业于山东省政法管理干部学院经济法系，1997年任县电业局宾馆总经理，2003年创办工会驾校，2009年创办特丽洁物业公司至今。坚守"老实做人，踏实做事"的世界观，坚持"追求卓越，服务无止境"的经营理念，坚持把服务于社会作为工作生活的首要位置。工会驾校是县工商联会员单位，是济南市物业行业协会会员单位，是山东省家政协会会员单位。

商河特丽洁物业管理有限公司，公司的办公地址位于山东省会泉城济南商河县青年路84号，公司拥有良好的信誉和专业的技术团队，为客户提供最好的产品、良好的技术支持、健全的售后服务；商河特丽洁物业管理有限公司是济南物业管理行业知名企业。

发展宗旨：人本管理，文化引领，创新跨越，建设多元化，规范化，科技化物业企业。

服务理念：服务社会，服务业主，铸造真诚服务品牌。

《首届中国企业价值传播盛典》访谈内容

——侯立军专访

主持人： "探访人物故事，传播价值能量"，各位观众大家好，欢迎收看《首届中国企业价值传播盛典》，大型企业家访谈节目，我是主持人亚平。

本节目是由中国电子商务协会 3G 发展与应用工程和中国商业电讯共同主办，由新浪等多家权威媒体高度关注和支持。

随着中国经济的高速发展，城市化进程的加快，人们对于高质量的生活追求，使得专业的物业服务日益受到关注和青睐。今天就让我们一起去领略一下新时代与互联网接轨的物业服务，欢迎本期的做客嘉宾，物业服务垂直搜索创始人侯立军光临节目现场，侯总您好。

嘉宾： 主持人好，大家好。

主持人： 侯总您是什么时候开始正式接触到物业行业的？

嘉宾： 我是自 1999 年 10 月份开始接触这个物业行业的。

主持人： 我觉得 1999 年好像物业服务并没有那么发达，为什么会选择加入这样的一个行业呢？

嘉宾： 那个时候物业服务不是很发达，但是房地产开发已经初具规模了，然后当时就感觉物业服务行业是生活中不可缺少的一部分。它既关系到民生的问题，又关系到社会发展的一些问题。随着房地产的发展，城市的房地产需要大量的物业服务，它是人类社会的经济发展、文化生活发展进步的一种作用和结果。所以现代服务业涉及人的生活当中的方方面面，也为众多的企业，或者是家庭，提供了很多的便利，它的市场潜力巨大，有利于就业发展。我国的各级人民政府，都非常的重视，并且支持物业的发展，看准了这个商机，我就在 1999 年的 10 月份，成立了商河特丽洁物业管理有限公司，直到今天。

主持人： 您对于这个行业未来的发展前景是怎么看的？

嘉宾： 这个行业它是一个朝阳行业，加快现代物业服务业的发展，改善人民的居住环境，提升城市形象，是推进新型城市化的客观需求，也是增加就业，促进消费，加快转变经济发展方式的一种重要的举措。加快现代物业服务业发展，加强社会建设，提升城市文明的形象，以及促进社会和谐等等，这一些它是非常有必要的，也是一种需求。

加快现代服务业的发展，是增加物业的效用，保障改善民生，建设全面的小康社会，迎合现代社会的需求，我觉得是一种迫切的要求。

主持人：公司在发展过程中有没有遇到哪些问题？

嘉宾：在一个企业的发展，或者说适应社会的过程当中，它肯定会出现问题。但在解决这些问题的过程中，首要问题就是数量，现在人的数量不能够满足于目前我们这个物业发展的需求。其次一个问题，就是从业人员的综合素质，职业技能方面的素质，包括职业道德方面的素质，还不能够满足当前人们对这个行业的需求和要求。

主持人：您自己面对这些问题是如何解决的呢？

嘉宾：我们企业现在是从这样的方面来解决它，建立一个完整的或者一个完善的培训认证的体系，这个体系是统一的去培训，统一的去考核，然后考核完毕之后，有一个认证，这个认证可以是省级的，可以是国家级的，甚至可以是星级的。这样考核完毕之后，它可由物业公司，或者说是其他的家政服务公司，来解决就业的问题。因为我们现在往往都是一些行业协会之类的，所以我们在横向发展的过程当中，我们之间相互都有联系的，最后只要是培训认证的星级的合格人员，他们的就业是不成问题的。我们就是这样做的，直到今天，我们的发展一直遵守公司的宗旨，我们的发展宗旨是：以人文为

本，文化引领，创新跨越，建设一个多元化的、规范化的、科技化的这种物业企业。我们的服务理念主要：首先是为社会服务，然后再服务于业主，鼎立的去铸造真诚的物业服务的品牌。

主持人：我不知道您有没有关注我们李克强总理所提出来的"互联网+"计划，您是怎么看待"互联网+"传统行业这一发展趋势的呢？

嘉宾：国家在早期的时候，就曾经提出过科技是第一生产力，然后李克强总理又鼎立的去打造这个"互联网+"概念，它可以加任何的一个行业。传统行业借助什么样的平台，才能够更好的、更快的去发展呢，这个"互联网+"正好是一个契合，也是一个契机。所以互联网在中国应该说起步的时间并不太长，但是它的发展的速度十分令人惊讶，国内外都是这样。现如今它已经潜移默化到人们生活当中的方方面面，已经是离不了的一个工具，所以我在企业发展的过程当中，也在想怎么样去和互联网去契合。现在正好有个机会和互联网公司联合出品了这么一个物业服务垂直搜索，移动端的一个产品，利用它可以大幅提升我们企业的知名度，或者说其他企业的知名度，快速调整企业的这种生产过程当中的不足，随着时间的跟进，来调整市场需求，是有很大的推动作用。

主持人：应该说是一个宣传性平台？

嘉宾：也可以说是一个宣传性平台，但

是后期打造就不是单纯的宣传了，是很实际的为业主服务的，为大众服务的实用性平台。

主持人：您能具体地介绍一下这款产品吗？

嘉宾：物业服务垂直搜索引擎，提供了比较精准化的搜索服务，针对物业服务行业，它进行了一些精准的，品牌词汇定向搜索并结合移动APP，它可以打造一个LBS这种服务的平台，它可以加强地域性的管理和筛选的功能。因此使用物业服务垂直搜索引擎的话，它能够更加精准，更加有效的搜索出你的需要的结果。

主持人：它现在有没有面临着具体的挑战，或者说机遇？

嘉宾：无论机遇或者是挑战，简而言之吧，优胜劣汰，强强联合，信息共享，促进发展，我想这个是互联网和传统行业结合的结果。

主持人：但是我现在有一个担心，您是一个传统的企业家，您要如何运营我们现在的一个网络平台呢？

嘉宾：任何平台的发展并不说是一蹴而就的，它是需要经过长时间的磨合，长时间的发展，然后再整合再发展，这么一个过程，我们这款物业服务垂直搜索引擎也不例外。那么在这个过程当中，它要经历许多不同的阶段，特别是在前期的时候，进行一些数据的跟踪，从细微的一些数据我们就能够看出，垂直搜索给用户带来了哪些便利条件，造成了哪些影响，从而实现平台运营的持久性。在它的后期发展的时候，想要提高用户量或者流量，那就需要获得用户的这种访问和点击量，那就是一个实用的真正的数据，需要让人们从这个心理上认可你这个产品。然后我们利用消费者在使用过程当中的口碑，再用人们这种口碑，口口相传的这种传播，然后加速推广，实现双赢结果。

主持人：那未来的三到五年，您有没有具体的规划？

嘉宾：未来三到五年，我观察无论是报刊杂志，还是一些关于民生的数据统计，我们中国老龄化问题是比较严重的，所以我就在考虑，在物业服务的同时，侧重打造一下家政服务、养老社区。这样能够为社会减轻很多的负担。

主持人：但是这几项是相结合的吗，就像您刚才所说的养老之类的，是跟我们平台相结合的吗？

嘉宾：相结合的，我们开发的这个垂直搜索，还有这个移动端的APP，它最后是要和实际生活相结合。也就说我们利用这个APP，或者说垂直搜索的时候，我们就能够知道您的需求，我们就会满足您的需求，是这样一个结果。

主持人：其实我觉得物业服务不太好做，您觉得呢？

嘉宾：物业服务涉及到人们生活当中的点点滴滴，无论是养老，还是小时工等等，我们都离不开物业。目前，随着社会的发展，计划生育政策的实施，我国老龄化越来越严重。国家需要大量的物力和财力去解决养老问题。那么我们作为一个企业来说我们更要挺身而出，要为社会，要为国家分忧解难，为客户带来最贴心的服务。

主持人：坚持把这个平台做下去吗？

嘉宾：如果说这个平台确实是为企业带来发展的便利，或者说确实是为社会，为民众，带来便利的话，那就一定要坚持。

主持人：因为这是一件非常有意义的事情。

嘉宾：非常有意义的事情。

主持人：那您在创业的过程中，有没有什么具体的感悟，能跟我们讲一讲？

嘉宾：在创业的过程当中，应该说经历了好多的坎坷，也走过很多的偏颇，但是我始终如一的坚持做一件事，就是跟座右铭一样，老实做人，踏实做事。怎么这样讲呢，如果要是做好一件事情的话，那首先要做好一个人，所以在这个过程当中，作为一个企业来说，更需要一个很好的带头人，那么这个带头人，这个领导人，他的魅力在哪儿呢，他可能有他的个性，所以就是说这个企业也跟他的个性，人格魄力，或者说人格魅力等等相契合。如果有了这些以后，你才有可能建立一个良好的，或者说优秀的一个团队，你的企业才能够良好的去运营。

主持人：现在很多大学生，刚毕业就投身到创业的大军之中，您对这个现象是怎么看的？

嘉宾：大学生创业这个事情，其实真的是无可厚非，创业嘛，国家、社会都是支持大学生创业的，但是作为创业者自身来说，你必须具备个人的素质。所以我总结了这三点，第一点就说你定位必须要准确，定位准确又包含两个方面，一方面你自身定位要准确，另一方面就是你选择的行业一定要定位准确，这两项缺一不可。那么第二点，您要能够吃得了苦，也可以说能迎难而上，不要因为有了一点点小的问题，或者小的困难，然后你就退缩了，我们应该迎难而上。第三点，我认为一定要求发展，就是你的企业在发展的过程当中，你要有发展的眼光，战略的眼光，我觉得这些都应该在创业的过程当中注意到的。

主持人：非常感谢侯总您的精彩分享，真的是听君一席话，胜读十年书。通过与侯总的交流，让我们看到了一个成功企业家的人生经历，物业服务行业只有不断地去创新，大力地支持电子商务发展的机遇期，全面地推动行业的转型升级，企业才能够在市场中拥有决胜的先机。相信物业服务行业与互联网的相结合，不仅是要随着这个时代去改变，更是要引领未来的方向，本期的精彩节目就到这里，我们下期节目再会。

嘉宾：谢谢主持人，谢谢大家。

黄涛
陕西君安嘉元建设工程有限公司董事长，全球酒水批发网的创始人

　　黄涛 男，汉族，陕西南郑人，1975年出生于陕西省南郑县小南海镇龙门垭村二组，1982年在龙门垭初小入学，1987年就读于秦家坝初级中学，1990年在该校初中毕业，1991-1996年在家务农，1997年步入山西省大同市从事煤矿最基础作业。2002年秋天进入玉龙煤业集团，带领工人在玉龙进行小型承包井巷开采、建设工程。2008年就读于陕西广播电视大学，专科学历；现任陕西君安嘉元建设工程有限公司董事长，公司主要经营煤矿建设及开采行业。2014年开发全球酒水批发网。

网站介绍 Website Introduction

　　全球酒水批发网（www.qqjspf.com）
　　一是产品齐全，功能全面；将各类型酒水有效的归类，方便用户一体式搜索，为用户实现轻松购物的同时，还提供全面的行业资讯。
　　二是服务完善，商机无限；本网站具有功能强大的导购信息平台，提供全新的、全套的信息化服务，并建有及时交易的买卖通功能；可以帮助企业开阔视野，拓展商机，引领消费，展示风采，繁荣文化。
　　三是线上线下，一站式服务。采取厂家、销售商户入住的形式，为用户提供强大的商品信息发布与销售平台，网站不仅有线上的产品展示，同时也拥有线下的商家供应，实现线上与线下的结合。

《首届中国企业价值传播盛典》访谈内容

——黄涛专访

主持人："探访人物故事，传播价值能量"，各位观众，大家好！欢迎来到《首届中国企业价值传播盛典》大型企业家访谈节目，我是主持人亚平。

本节目是由中国电子商务协会3G发展与应用工程和中国商业电讯共同主办，由新浪等多家权威媒体高度关注和支持。

随着互联网的快速发展，网络成为我们生活必不可分的一部分，也在悄悄地改变着我们的传统经营方式。酒水在人类生活和文化中有着独特的地位，在人类文化的历史长河中，酒不仅仅是作为一种物质而存在，更是一种文化象征。当互联网碰撞酒文化，将产生哪些化学反应？今天我们有幸请到君安嘉元建设工程有限公司CEO及全球酒水网创始人黄涛来跟我们共同探讨这个问题。欢迎您黄总。

嘉宾：主持人好，观众朋友们大家好！我是君安嘉元建设工程的黄涛。

主持人：黄总您好，我们都知道最近"两会"老百姓都特别关注，李克强总理在政府工作报告中也首次提出"互联网+"行动计划，引起了广泛的关注，现在互联网+传统行业发展势必会火，黄总，您是如何看待这个发展趋势的呢？

嘉宾：我一直从事于传统行业，其实对互联网认识不多，一次偶然的机会，让我认识到了互联网的飞速发展，此后便每天坚持看有关互联网的新闻，了解互联网发展趋势。后来在网上看过一篇关于《中国目前网民现状》的文章，里面说明2013年，我国手机搜索用户达到3.7亿，随着网络设施建设的加快，手机搜索用户将保持平稳快速增长，预计到2017年，中国移动搜索用户规模将达到6.2亿。网民规模持续扩大，互联网普及率平稳上升，且抛开这组数据的预测，光是那个增长率就已经可以震撼人心了，因此把传统行业与互联网相结合，我认为两者优势互补，蕴藏着巨大的商机。

主持人：您说的没错，现如今互联网+传统行业普及越来越广。那么您能跟我们分享一下，当初您是如何进入互联网行业的呢？

嘉宾：马云打破了我陈旧的思想，后来我对关于互联网的报道非常关注，在一次电商平台招商会上，我决定向互联网进军，创建了"全球酒水批发网站"。

主持人：看得出黄总很有魄力，您提到

您创办的"全球酒水批发网站",是怎样一个网站?

嘉宾:因为我很看好酒水市场的发展,酒水占消费市场很重要的一部分,也是50后60后70后的主要消费品,所以我就创办了"全球酒水批发网站"来试水。它与同行业的其他网站相比,有一些优势之处!我总结有三方面:

一是产品齐全,功能全面;将各类型酒水有效的归类,方便用户一体式搜索,为用户实现轻松购物的同时,还提供全面的行业资讯。

二是服务完善,商机无限;本网站具有功能强大的导购信息平台,提供全新的、全套的信息化服务,并建有及时交易的买卖通功能;可以帮助企业开阔视野,拓展商机,引领消费,展示风采,繁荣文化。

三是线上线下,一站式服务。采取厂家、销售商户入住的形式,为大家提供了一个强大的商品信息发布与销售平台。我们不仅有线上网站的产品展示,同时我们也有自己的供货厂家,将线上线下有效结合。

主持人:可以说"全球酒水批发网"真的很完善,给互联网线上线下带来了新的理念,那么能给我们简单地介绍下后期将如何运营网站呢?

嘉宾:特别是在中后期,我们将对"全球酒水批发网站"进行数据的跟踪,从细微的数据就可以看出网站给用户带来的各种影响,从而实现网站运营的持久性;一个网站要想获得更多流量,获得更多用户的访问和认可,需要让他们从心理上认可你的网站,利用消费心理塑造网站的口碑营造,利用推广对象的口碑传播加速网站的推广,达到更广泛和更深入的营销效果,我相信我们能做到。

主持人:数据追踪、消费心理和口碑营销在网站运营中确实是比较重要,但是我们都知道网站的发展不可能一帆风顺的,您能否跟我们谈谈,您是如何看待"全球酒水批发网"发展前景?

嘉宾:好的,互联网在目前是一热门话题,市场面临混乱期,在做的人很多,但做好了的很少。并且我认为,一个网站的成功运营并不总是一蹴而就,而是需要经历许多不同的阶段,从这些阶段中去不断改进,丰富和完善网站的各种功能和服务。希望大家认识"全球酒水批发网",充分的利用"全球酒水批发网",让互联网缩短人与物的距离和时间,未来在你需要的时候,只需要在你的手机上点击和下单,就有专门的物流人员送货到你家门口。无论未来我们"全球酒水批发网"遇到什么问题,我都将带动我的团队,以优质的服务打造好我们的平台,我相信成功是赋予付出辛苦的工作者。

主持人:嗯,黄总说得真好,成功是赋予付出辛苦的工作者的,相信我们的"全球酒水批发网"在黄总的带领下也将越来越好。黄总回顾一年,您觉得2015年对整个互联网行业将带来有哪些机遇与挑战?

嘉宾：过去的一年里，大部分人士对互联网不太认可，但通过今年两会，李克强总理在大会和记者会上多次提到互联网，这无形中给互联网做了宣传。2015年我还是要与时俱进！现在这个社会各行各业竞争非常激烈，要想成功，要想往前站，必须为自己开路，没有人给你让开道让你往前站的。

主持人：说的没错，想往前站，就必须为自己开路，我想每一位企业家在创业的过程中都有不同的经历，那么对于您个人来说，在此之间让您收获最大的人生感悟是什么？

嘉宾：我的感悟是，团结就是力量，不管大公司或者小团队，要想做好自己的品牌或管理好自己的公司，必须团结友爱，齐心协力。俗话道：孤掌难鸣嘛！企业也好，团队也好，个人也罢，团队建设和管理，人脉、朋友圈维护和管理对走向成功之路都起着很大的作用。

主持人：**互联网＋酒水行业，必定撞出不一样的火花。传统行业并进互联网可以说是一种机遇，同样也是一项挑战，作为一名先锋者，必须具备这种面对挑战勇往向前的气魄与胆量。只有与时俱进，不断前行才会让自己在成功的路上走得更长远。我相信在未来，您的企业和"全球酒水批发网"一定会蒸蒸日上，勇攀高峰。节目最后，让我们再次感谢黄总的分享。**

本期的精彩就到这里，我们下期再会！

嘉宾：谢谢主持人，谢谢大家！

黄奕群

福建满山红包装股份有限公司董事长，生活用纸网和包装网创始人

黄奕群1971年生，南安省新人，福建满山红包装股份有限公司董事长，福建省卫生用品商会常务副会长。17岁接触到包装生产，在大哥创办的厂里工作，主要生产芦柑袋。1995年，24岁的黄奕群成家，开始真正意义上的创业。开始创办家庭包装作坊，20年后的今天，黄奕群带领福建满山红包装股份有限公司，成功登陆海峡股权交易所，敲响对接资本市场的钟声，成为卫生用品包装领域的知名企业。在多年的创业生涯中总结营销方法和技巧，通过结合互联网的先进技术创建了包装网和生活用纸网，为整个行业提供一个展示产品和信息的平台，为有需求的客户与供应商之间搭建一个有效的沟通桥梁。

公司介绍 Company Introduction

公司成立于1995年，坐落于民族英雄郑成功故里——福建省南安市，位于中国日用品生产基地——南安省新镇。

专业于印制生活用纸（婴儿尿裤、尿片、湿巾、纸巾、卫生巾、卫生护垫等）的外包装袋，产品类别有PE、OPP、CPP、哑光PE、复合袋，铝泊袋，新开发的易拉贴包装更适应卫生用品的使用与保存。公司从创建伊始，始终坚持"质量第一，用户至上"的经营宗旨，积极吸收先进的经营管理理念，求新、务实、开拓、进取、严格管理，使公司产品质量在纸品行业中较有一定的选择。于2003年通过ISO9001质量管理体系认证，并于2007、2008年获中国包装联合会印刷质量评比铜奖；2009年获得中国包装联合会印刷质量评比银奖；2010年中国包装联合会印刷质量评比金奖。

网站介绍 Website Introduction

生活用纸网（www.4gshyz.net）是一个大型生活服务类网站，主要为人们提供行业资讯，行业商机，行业产品，行业服务，以及行业相关产品。随着生活用纸企业的迅速增加，后来就致力于专业生产生活用纸包装，中国是历史大国，也是注重礼仪之邦，商品包装是对消费者的尊重，也是企业价值和文化传播的重要载体。

包装网（www.4gbzw.net）是中国包装行业门户网站，专注于印制生活用纸及各类卫生用品（婴儿尿裤、尿片、湿巾、纸巾、卫生巾、卫生护垫等）的外包装袋及各类自动包装卷膜，网站已与恒安、东顺、恒利、爹地宝贝、美佳爽、百亚等多个国内知名品牌合作，产品畅销海内外。

《首届中国企业价值传播盛典》访谈内容

——黄奕群专访

主持人："探访人物故事，传播价值能量"，各位观众，大家好！欢迎来到《首届中国企业价值传播盛典》大型企业家访谈节目，我是主持人石濛。

本节目是由中国电子商务协会3G发展与应用工程和中国商业电讯共同主办，由新浪等多家权威媒体高度关注和支持。

俗话说，佛要金装，人要衣装。一个好产品的畅销同样离不开一个好的包装。一项数据显示，大约63%的消费者会根据商品的包装和购物环境进行购买决策。所以说包装对一个产品的重要性是毋庸置疑。今天我们邀请到了福建满山红包装股份有限公司总经理以及包装和生活用纸网站的创始人黄奕群黄先生做客我们的栏目。欢迎！

嘉宾：主持人好、大家好，很高兴来和大家一起聊聊包装行业，希望让大家对行业有更多的认识。

主持人：黄总，据了解现在全球包装行业正向亚洲转移，而中国是他们很看好的一块市场，那么黄总当初您为什么会选择生活用纸包装这个行业呢？

嘉宾：是的，我从事包装行业到现在已有20年，创业之初，做的比较杂，有做食品、鞋服、超市及生活用纸包装袋，随着生活用纸企业的迅速增加，后来就致力于专业生产生活用纸包装，中国是历史大国，也是注重礼仪之邦，商品包装是对消费者的尊重，也是企业价值和文化传播的重要载体。随着我国包装工业的快速发展，确实也吸引着全球的眼光。

主持人：我知道黄总满山红包装公司已经有20年的发展，也有了一定的规模，能简单地介绍一下公司的发展情况呢？

嘉宾：满山红自95年创立以来，刚好今年已有20年历史，20年来我们一直坚持"品质第一，诚信至上"的服务宗旨，赢得了市场和客户的认可，从创立之初的2-3台设备，到现在80台配套生产设备，应该说自己还是比较满意的，20年来，我们积累着丰富的产品知识和行业资源，也凝聚着强有力的核心团队，为以后的发展奠定了坚实的基础。

主持人：一个强大团队不仅需要一个好的领导，还需要一套成熟的制度，那么您在管理团队有没有特别的方法？

嘉宾：每个企业发展到一定的程度上，特别是生产型企业，都会受到瓶颈的约束。

要突破瓶颈，只有学习。这几年，我们组织公司全员从高层、中层、基层进行系统的学习，达到思想统一、目标统一、行动统一。只有同频了，企业发展才会更加顺畅。企业管理的核心就是识人，育人，用人和成就人，成就员工，成就企业。用天下人做天下事，用众生的智慧成就众生。

主持人： 用天下人才能成天下事，黄总说的非常棒。据了解，公司不断地引进新的产品，来提升包装品质和提高包装速度，您能聊聊比较有代表性的产品吗？

嘉宾： 是的，好包装需要好材料，好技术、好设备。一直以来，我们用的生产设备都是国内顶尖的印刷、吹膜、制袋设备。前几年，我们引进了一台生产高透明、低热合的薄膜生产设备，在行业内也是比较唯一的，推入市场后受到了广大用户的一致肯定，很大程度上提升了产品的包装效果和产品档次。另外，这两年，拉拉裤纸尿裤在市场上广泛受到青睐。我们也根据产品的要求，提供给拉拉裤彩印纸，企业发展中就是要不断跟进，创新，才能上升到新的平台，才能持续发展。

主持人： 是的，不断的创新，利用科技才有鲜活的生命力，互联网是现今传统企业发展趋势。黄总，您怎么看待互联网在企业发展中的应用的？

嘉宾： 是的，这是一个互联网，移动互联网，智能搜索时代，在互联网逐渐成为现行业的主要发展模式的时候，包装行业和生活用纸行业同样依靠网络技术促进快速发展。互联网已经从一种技术转变成一种趋势，我们正在尝试，通过对市场考察和了解，与知名的互联网公司合作，创建了包装网和生活用纸网，结合线下企业创办的网站，提供更多的服务。后期我们将会合理的运用好互联网平台，向更多更大的市场提供更加优质的产品和服务，创造新的价值。

主持人： 随着包装网和生活用品网站的成功上线，您对网站后期的运营有什么规划吗？

嘉宾： 后期我们准备要完善网站，及时的更新产品图片，在线客服对网站浏览客户提出的问题及时回复，第一时间了解市场和客户的核心需求，能够通过利用互联网做到更好的服务市场和客户。搜集会员，每个网站的会员，或者说每个个体就是一个自媒体，或一个合作单位。这需要去合作，用大家的资源，为大家服务。通过网站会员注册了解并汇总顾客的需要，通过合作伙伴，提供服务。将有包装网和生活用纸网站控制和整合这些需要。使得顾客可以随时随地自由表达自己的需要和观点。包装和生活用纸网的网络推广都是业界最专业的。找对合作者，就找到了正确的盈利模式。借助互联网平台，包装企业和生活用纸企业可实现高时效、大面积的营销推广，通过在互联网的创新营销推广，从而带动线下市场业务量的提升。

主持人： 您是如何看待生活用纸包装行业未来的发展？

嘉宾： 随着生活水平的提高和二胎政策

的升温,以及中国老年化的现实问题,未来的生活用纸和卫生用品将迎来新的发展机会,如恒安集团、恒利集团、爹地宝贝、美佳爽、雀氏、婴舒宝、宜婴等民族大品牌迅速崛起。作为配套的包装行业,同样迎来新的发展机遇。

主持人: 今年是您创建福建满山红包装股份有限公司的第20个年头,满山红也成长为专业化,现代化的大型企业。您觉得一路走来,什么让您感受颇深?

嘉宾: 是啊,创业20年,从创业之初,自己做生产,做业务,办企业的都一样,都要经历过诸多的酸甜苦辣,我们一样,经历过苦难,经历过喜悦,现在我们拥有了一个坚强的团队,做到在行业内有一定知名的包装企业,这是离不开客户长期以来的支持和认可,和满山红家人们一直的相随,不离不弃,在2014年12月25号,我公司成功在海交所挂牌上市,通过挂牌,满山红公司将由民营企业向公众企业全新转变,进一步完善法人治理结构,优化组织架构,实施严谨的内控制度,提高创新能力和决策能力,今天我们将结合互联网,结缘更多更优秀的企业家,实现企业价值和人生价值,站在新的起点上,我们将以更优质的包装,更好的服务回报客户、回报社会。

主持人: 感谢黄总的分享。也希望我们的包装和生活用纸网将走进千家万户,给人们的生活带来更多的便利。谢谢大家,我们下期再见。

嘉宾: 谢谢大家,再见!

郝 跃

重庆市巨汇工程机械租赁有限公司董事长
重庆工程机械网站创始人

郝跃，80年代接触机械工程行业，并一发不可收拾，1998年创办重庆市巨汇工程机械租赁有限公司。经过20多年发展，公司现已成为重庆市工程机械租赁行业的知名企业，具有较高的市场知名度。公司注册资金668万元，占地12000平方米，现有总资产5000多万元，标准厂房5800平方米，标准办公楼1300平方米，标准员工单身宿舍1300平方米，标准员工食堂420平方米。2015年与时俱进，成立重庆工程机械网站。

公司介绍 Company Introduction

重庆市巨汇工程机械租赁有限公司成立于1998年，是一家专业从事大型成套工程机械的租赁公司，经过十年多的不懈努力，公司现已成为重庆市工程机械租赁行业的知名企业，具有较高的市场知名度。

公司现有大型工程机械18台，其中：德国宝峨BG36旋挖钻机1台、BG25C旋挖钻机2台、奥盛特OTR260D26旋挖钻机1台、德国奔驰品牌混凝土37米臂架泵车3台和46米臂架泵车1台、德国大象品牌混凝土车载泵1台以及混泥土拖泵1台、瑞典阿特拉斯ROCD7液压爆破钻机1台、美国约翰迪尔平地机1台、美国卡特325D挖掘机1台、瑞典沃尔沃360挖掘机1台、徐工海虹牌65K汽车吊1台、英格索兰和三明压路机各1台、其他设备数台。公司组织体系健全，各项规章制度和管理流程基本齐全，现有员工50多名，其中：具有专业技术职称8名，中高级技工12名，形成了一支高效务实、管理规范、综合实力较强的员工队伍。

公司的经营方针是：以品牌铸就公司的核心竞争力、秉承诚信经营和优质服务的理念赢得广大客户。

公司的经营目标是：到2015年实现租赁产值2亿元以上的跨越式发展。

《首届中国企业价值传播盛典》访谈内容
——郝跃专访

主持人："探访人物故事，传播价值能量"，各位观众，大家好！欢迎收看《首届中国企业价值传播盛典》大型企业家访谈节目，我是主持人亚平。

本节目是由中国电子商务协会3G发展与应用工程和中国商业电讯共同主办，由新浪等多家权威媒体高度关注和支持。

机械工业素有"工业的心脏"之称。乃是中国国民经济的支柱产业。21世纪以来，我国机械工业呈现强劲发展态势，产业体系日益健全，技术水平不断提升，已成为世界重要的装备制造大国。欢迎本期节目嘉宾：重庆市巨汇工程机械租赁有限公司——郝跃做客本节目。他，是投身工程机械20余年的资深专家，对行业发展视角独到。"新常态"下，工程机械行业将何去何从，他将给予怎样的答案？郝总，您好！

嘉宾：主持人好，大家好！

主持人：您当初是如何接触到工程机械行业的？

嘉宾：我接触到工程机械行业是一个很偶然的机会，1987、1988年当时我开出租的时候接触到工程机械行业，1993年毅然决定卖掉出租车，就进入到工程机械行业开始干工程，直到1998年成立重庆市巨汇工程机械租赁有限公司。

主持人：是什么促使您创办了自己的公司？

嘉宾：当初进入这行业时候，买了一个装载机，后来发现一个装载机施工不协调，然后就购买了挖掘机、推土机和翻斗车来平衡工程用量，慢慢积累了一定的知名度和人脉，也有所成就。也算是处于对这个行业的热衷，于1998年成立重庆市巨汇工程机械租赁有限公司至今。公司主要经营工程施工、工程机械租赁。

主持人：您创办的企业在发展中有怎样的特色？

嘉宾：特色也没有什么特色，我认为创办工程机械企业，一是：需要人员，员工的技术、人品很重要。二是：机械更新，工程机械行业机器更新速度很快，两三年就要淘汰更新，企业发展就要跟上时代发展的步伐。三是：大客户的运营，我们承办：中铁、中冶、城建这些大企业的工程。以上三点都是我们企业发展的重要特色。

主持人： 中国机械工程行业经过这些年的发展，目前市场中还有哪些软肋？

嘉宾： 目前市场中存在的四个软肋。一是工程机械市场需求不足；二是总体看资金紧张，一些企业融资难、工程费用拖欠等问题相对突出；三是整体工程机械产值下滑；四是机械价格不断上升。

主持人： 您准备如何去应对这些问题？

嘉宾： 出现一定的问题，这不是坏事，在不断出现问题的同时，去解决很重要，只要整个行业坚定理想和信念不动摇，坚定实现我国工程机械强国梦的决心和信心不动摇，积极转变发展方式，努力提高应变能力，充分发挥技术优势和产业优势，不断战胜困难，迎接挑战。主要在以下几方面取得了新的成效。一是创新能力进一步增强；二是产业结构显著优化。

主持人： 您有哪些革命性的举措，才使得企业稳固地发展起来？

嘉宾： 在我看来，首先企业发展最重要的就是要创新，工程机械行业机械需要不断更新，卖掉旧的，买新的，需要不断跟紧时代发展。其次是人员调整，员工要加强学习，不断提高机械使用能力和施工能力。再次是科学化的管理，工程指标按照比例分配。最后一个是品牌影响力，不断增强品牌效果。

主持人： 到目前为止您取得了哪些显著成果？是通过怎样的努力取得的？

嘉宾： 众所周知，大家都知道在重庆有路、桥、房地产、两江新区，这些基础设施都是需要工程机械行业的，市场需求量巨大。只有在行业通过诚信合作的原则下，不断完善企业能力，才会有源源不断的客户。

主持人： 对行业未来的发展方向有怎样的看法和见解？

嘉宾： 未来应该发展得更好，从大环境上来看，我国经济平稳发展，当前工程机械行业面临的下行态势是暂时的，国家出台的一系列稳增长的政策措施和相关举措将拉动经济发展，更将逐步受益于工程机械行业。从小的环境上说，因为重庆正在发展中。因此，工程机械行业一定会走出低谷，进入一个新的良好发展周期。

主持人： 未来有没有考虑涉足更广泛的行业？未来三到五年内有什么样的发展计划？方便的话，请透露一二。

嘉宾： 怎么说呢，未来三到五年，打算与互联网行业结合，现在互联网发展迅速，大家生活都离不开手机、电脑等互联网产品，所以未来互联网的发展，不可估量。三到五年要打造属于自己的"重庆工程机械"的互联网平台。本身的企业也要不断壮大。

主持人： 陪着公司一路走来，个人有什么样的感悟或者说领悟？

嘉宾： 创业以来困难很多，比如：资金问题，资金链短、行业融资难，融资成本高；人员紧张，针对我们行业人员要求专业性很高，市场需求量也很大，可以说供不应求，面对一些工程质量、技术、安全等问题。不管遇到什么困难，我都要坚定自己当时的信

念，加大投入，以诚恳、真实、合作共赢的理念去完成工程。

主持人：对于正在创业路上的年轻人有哪些好的忠告？

嘉宾：现在一般都是一家一个孩子，年轻人创业，一要做好好吃苦的准备，不吃苦就没有甜。二要一定要勤奋，诚实、对人对事都要讲究原则。三要懂得拼搏，脚踏实地、兢兢业业。

主持人：感谢郝总的精彩分享，脚踏实地，兢兢业业。2015年已过去一大半，面对充满机遇和挑战的未来，郝总充满信心，勇于承担。相信未来郝总的重庆市巨汇工程机械租赁有限公司将越做越强。

本期的精彩节目就到这里，我们下期节目再见！

嘉宾：谢谢主持人，谢谢大家！

黄忠胤
上海益骏机电工程技术有限公司董事长
照明产品网站创始人

黄忠胤，男，早期在一家世界五百强企业从事过物流管理工作。之后一直从事照明行业十多年，从销售人员做到企业的管理者，十年磨一剑。在这十多年的工作期间，黄先生形成了对照明行业超乎寻常的认识和见解，并对国内市场的现状进行了预测和展望，首先照明市场需求会呈逐年增长趋势，随着互联网的发展，想要在未来抢占先机，就必须根据时代的发展趋势做出改变。黄忠胤先生出资创办照明产品网。

公司介绍 Company Introduction

上海益骏机电工程技术有限公司，是照明产品及服务的制造和集成商，公司提供工业和商业照明工程项目一站式解决方案。

益骏专注于如高端酒店、商业零售、连锁业态、大型物流、工厂等工商业照明市场；整合行业资源，为照明项目提供包括项目勘察评估，灯光设计，采购管理，产品工业设计及制造，照明智能化整合，品管，工程安装，节能评估，工程项目管理，EMC金融方案策划及实施。我们力争为客户的照明项目投资带来更大利润和商业价值。

黄忠胤先生非常善于把自身的思想转化为实际行动，他运用自身丰富的经验结合行业现状，创办了照明产品网（www.zgzmcp.com），据部分网站会员反应，该平台提供照明行业资讯、灯具产品与供求信息，运用先进的信息技术搭建了一个适合企业业务管理需要的应用服务平台，利用强大的互联网工具，为企业提供全方位、标准化、一站式的应用服务和解决方案。其实不仅是企业，个人用户也可以在照明产品网上通过搜索寻找最合适的产品，了解和掌握行业动态，满足需求。

《首届中国企业价值传播盛典》访谈内容

——黄忠胤专访

主持人："探访人物故事，传播价值能量"，各位观众，大家好！欢迎来到《首届中国企业价值传播盛典》大型企业家访谈节目，我是主持人冬梅。

本节目是由中国电子商务协会3G发展与应用工程和中国商业电讯共同主办，由新浪等多家权威媒体高度关注和支持。

我们将每期邀请一位商界精英，他们或是公众瞩目的成功人士、或是鲜为人知的行业大咖、或是不甘寂寞的行业新秀，通过深度对话，对他们进行探访和立体式解读，让业内人士真切感受到企业家的个性魅力、新锐理念和商业态度，也让普通受众得到启发。

说到照明呢，我们绝不陌生。如今，这个与我们生活息息相关的照明行业正面临着新一轮的变革，一个典型的传统行业，如何利用互联网成功转型、继续保持鲜活的竞争力呢？今天我们邀请到了照明产品网创始人黄忠胤黄总，让我们听一下这样一位照明行业资深人士有什么独到的经验和见解。黄总您好，跟大家打个招呼吧！

嘉宾：大家好！主持人好！非常高兴今天有机会来和大家一起谈谈我对照明行业的经验分享。

主持人：黄总，LED照明作为传统行业，随着经济的飞速发展，越来越离不开互联网，可谓驶入了照明行业的"高速路"，像雷士照明这样的公司都宣布开始布局O2O，那么机遇与挑战并存，您怎么认识互联网这一平台，并如何利用互联网这一平台发展照明行业？

嘉宾：我认为互联网是个工具，我们从来没有像今天这样看重自己，我们从来没有像今天这样有个性。这就是互联网所带来的时代特征。在一千个人里面我认为就有一千种想法。互联网的魅力在于每个人都可以向世界贡献自己的思想和经验，而我们希望运用好这种时代特征或是机遇。而照明产业发展到今天，也正面临个性化的转型。就像智能手机使得每个个体的桌面都不一样，同样的事情，我相信也发生在照明以及类似人们有个性化需求的行业。事实上，随着互联网深入地发展，我发现现在行业的界限已不再那么清晰了。许多事情都融合在一起了。我举一个例子来说，如果你告诉我在咖啡馆收一个快递包裹，我并不感到奇怪，因为我家楼下的便利店就既卖咖啡，又收快递。通过我这样的体验，照明已不再仅仅是照明行业的事情了，集成了更多智能和功能。我们所有的努力和工作的根源来自于顾客的需求，以及我们所激发（创造）出来的顾客的需求。而这一切是互联网的信息流所带来的现代生活。

主持人：是的，到互联网是智能化的标志，那您对互联网有怎样的观点，使得您在整个行业夺得先机？

嘉宾：这个世界在变化，互联网改变的不仅是产业，更多的是人们的习惯。但无论如何，互联网是工具，这个工具需要有产业链的支撑。先有产业，后有网站，不是为了互联网而做互联网。这也是我创建网站的基础。照明产品网是基于对照明市场的理解，以及对上下游产业链的整合力，以期为市场提供专业的一站式照明服务。在网络和推广方面，我们有专业的战略合作商，他们更了解互联网，移动互联的用户特点和需求，并且，在互联网领域有广泛的资源和基础。相应的，我们也有业内一流的物流商。所以，我并不担心照明产品网的网络推广和物流。有这些资源，我更加感觉自己的责任重大，对市场，但首先是对员工，和合作伙伴的责任。这也是我一贯的合作的原则。互联网，使得顾客可以随时随地自由表达自己的需要和观点。我想这就是所谓互联网的观点。

主持人：从您的话语中我们能够解读到您对互联网由衷的热爱，是这种热爱让您大胆转型创办了照明产品网吗？

嘉宾：机缘巧合，我本人从事照明行业十多年。在入行之初，就曾经想到过办一个类似照明超市这样的实体。用户可以在我的企业里得到一切同照明有关的产品和服务，所谓的"total solution"。这个想法也许来源于我之前的工作经历。我曾经在一家德国企业做过物流管理工作。这是一家世界五百强企业。他们的业务模式，我的理解就是供应链管理。在专业领域，例如紧固件，工业化学品，汽车配件，五金工具等方面。顾客只需要描述自己的需求，就能够得到解决。供应链的内涵和外延很丰富，简单地说涵盖了产品开发，品管，资金流，物流，等等。所以在这个互联网时代，我希望通过网络这个平台和工具，来尝试实现照明行业的供应链管理。

主持人：说到尝试，互联网开启了很多创业人的梦想，很多传统行业的企业家通过互联网实现了自己的人生梦，那黄总的人生梦又是什么呢？

嘉宾：我的人生梦就是在有生之年，我会一直从事照明行业。照明是光明的事业，也许我们无法做到极致，但希望可以传承下去。就我本人而言，我更愿意是一个照明设计师或产品工程师。可以通过我们的工作，让人们获得真正好的产品和服务，并且有良好的体验。但是，从我的行业经验来看，好的市场营销和策划，可能对整个行业更有价值。因为，照明产品本身是多行业多学科的集成体，是理性的；光的合理运用可以勾勒轮廓，渲染情绪，表达情感，令人获得安全

感，人们对光的需求是感性的，犹如时装工业。这给了我们很大的想象空间。我试图尝试做一些略微脱离单纯理性的产业格局，用理性的技术和产品，创造一种感性的照明环境，让用户获得商业利益和完美体验，大大提升了协同的效率，能够提升行业的竞争力，这是我们的初衷。

主持人： 11月29日在乌镇举办的世界互联网大会中，李克强总理指出互联网是大众创业、万众创新的新工具，既然黄总有了照明产品网这一新工具，后期您将如何运营呢？

嘉宾： 首先照明行业是一个大众化的市场，也是人类永远的需要。通过个人从事照明行业的经验，我认为行业有两个特点：1.持续发展性，2.多样性。从远古人类用火把照明，到油灯、蜡烛、煤气灯、白炽灯、荧光灯、金卤灯、LED照明、OLED、照明智能化等等的进化发展，照明产品线也越来越丰富。其次，人们对照明产品的需求是多样性的。例如，常见的蜡烛和白炽灯在众多场合还在使用。并且照明产品如同时装工业，终端用户是感性的。在照明产品网后期运营中，我将结合行业的两大特点以及自身的经验，将整合局部的照明行业，并以用户提出需求，厂商提供解决方案的思路来运作，最终让上下游厂商和用户都能各取所需，并形成一个完整的行业供应链生态，也将通过照明产品网与现有的照明品牌行业网站进行合作。并推广网站，收集会员信息，找到定位企业主，以聆听用户的需要，提供设计服务。通过平台找到匹配厂商，并将需求客户发给各地的厂商等等，这就是我的后期运营的思路。

主持人： 从黄总提出的运营思路中，我们看到了网站的价值，同时也从黄总的管理模式中受到启发，那您能谈谈网站在发展初期所面临的竞争环境是怎样的？

嘉宾： 这是一个互联网，移动互联网，智能搜索时代。目前，我们看到，与照明有关的互联网平台在国内已经有了十余家了，每家都有自己的想法和做法，我们不必去评论。传统的营销方式面临危机，大品牌们都困惑，明显的例子是行业前三的品牌业绩下滑，大幅度裁员。其次，对于照明行业而言，LED产品的成熟兴起是机遇和挑战，可以说行业正在洗牌。举个例子：在传统照明时代有几个大品牌，就我的观点，不会超过十个。但LED时代到来了，仅仅是做LED芯片的国际知名厂商就不下二三十个，欧美的，日韩的，台湾的，国内大企业。市场新的需求被创造和激发出来，产品的可塑性比以前大得多。工业化时代，我们会发现，工业产品随着技术的进步会越来越便宜，而对于企业而言，更多的利润甚至于说生存的关键是如何满足现代市场的个性化的需要。而个性化和互联网天生就有相匹配的基因。但是我认为最重要的是要以消费者的习惯去改变现状。价格不再是网络的核心需求，人们的生活质量在提高，所以我们要为这一部分市场服务。在这样的行业背景下，回到我们的网站上来，基于我们对行业的经验和理解，我们要顺势而为，运用互联网工具，提供市场个性化，智能化，一站式的照明解决方案。具体而言就是，所有与照明有关的产品和服务。这牵涉到线上和线下的整合。

主持人：您对照明产业网前期竞争环境分析的很透彻，那么您将如何突破这种竞争格局？

嘉宾：坦率地说，我本人是个销售员，之前主要的工作是做照明工程项目，当然，我也做过渠道管理工作，这个以后有机会再谈。不同于渠道销售，工程项目这个工作有点像电影编剧加导演加主演加剧务加司机。也就是说你需要满足顾客所有的需要，这让我有机会直接面对终端用户的真实需求。站在顾客的角度，我需要好的光环境，那么你来帮我解决。比如我是高端餐厅，或五星级酒店，我要我的场所有情调，与众不同。你甚至于要为客人额外解决非照明的问题，比如音乐，温度，味道。那么我们的团队擅长处理这类问题。我的观点是让专业的人解决专业的问题。要解决市场或终端客人这些问题，需要有"sourcing manager"刚才提到一揽子解决方案来解决，这就是我们的商业模式，线上接单，线下提供产品和服务。照明不仅仅是灯，而是光，如何让客人得到适合的光环境，需要有设计，制造，工程安装，我们要做的就是解决这些问题。用个性化产品和服务的钥匙，开启标准化销售大门。这不仅需要理解行业和顾客，在网站初期需要联合大品牌启动这一计划。我的观点是，照明产品的分销网络都是现成的，我们可以充分利用好这个现有的资源。

主持人：黄总对照明行业的互联网精神，是每一位创业者都需要学习的，那么您之前的工作经验是否让您的创业路走的更轻松一些？

嘉宾：是的，之前的工作经验对我的帮助很大。无论是国企办公室科员，或是外企销售，主管，以及五百强企业的独当一面的部门总经理。刚才谈到我在做职业经理人的时候，这些公司的管理，业务模式对我的启发。每一步都有贵人相助。有时不一定就是帮你的人，甚至是对手，就看自己如何看待。那么在不算长，也不算短的十二年合伙创业的过程中，我的收获最大的是，我相信奇迹，因为我看到了，并且的确经历过。所以，只有自己不放弃，就没有失败。从我的合作者身上也学到了很多。我不再担心失败，益骏公司是我想要把照明行业和电子商务相结合的一次努力。"E-dream"就是我的电子商务的梦想。这也是我为公司起名时所寄予的期望。

这是对企业发展有利的时代，国家给出了方向。如今我的职位和职业经理人不同，现在，我是船长。首先我的责任是找到一个正确的目标，然后带领大家努力到达。我们的员工大多都是80、90后，大家都有各自的需求和梦想，要给每个人希望，帮助员工描述清楚各自的梦想和实现的路径。这是企业管理的根本。员工是我们的内部顾客，让员工以一种充满希望的心态去工作，我相信，企业管理会事半功倍。

主持人： 看的出黄总是一位很有亲和力的领导，那么面对您80，90后的这些年轻员工，您是如何通过自己的经验来帮助他们成长呢？

嘉宾： 在我和员工私下沟通时，发现了这一状况，许多人都感慨成功不易。我常会分享从事销售工作的经历。其实，真正坚持不懈的人没有多少。我有个习惯，十年，甚至二十年前的名片或工作笔记保存地很完整，也会定期梳理，许多客人交往了十几二十年，也算是人脉关系。我希望用我的经历来给大家做一个榜样。企业通过为客户提供有价值的产品和服务获利。将心比心，彼此都希望利益最大化，这是个二律背反的问题。我们倡导积极地沟通，理解顾客的真实需要，需求，和欲望（Need, want, desire）。让员工明白，通过积极及时地沟通，帮助顾客描述清楚自己真正想要的结果，也是为企业获利的途径。快速而准确地回应顾客的需求，这就是平衡与合作，即与市场平衡与合作。这也是我们所提倡的，让员工自己在工作中获得成就感，形成一种积极宽容，与人合作的平和的心态习惯。这对于员工的人生也会有帮助。

主持人： 那我们总结黄总的公司的理念：坚持理想，理解宽容，平衡利益，永远合作，这也是非常值得我们每一个企业借鉴的

文化。黄总在帮助员工成长的同时对公司和网站也有很高的期望，想必对照明产品网的运营也做好了充分的准备！

嘉宾： 是的，我已做好了充分的准备，先说照明产品网的用户体验，互联网时代有一个非常重要的特征就是体验，体验很有意思，也就是感受，我们将不断地增加服务功能，为客户带来良好的用户体验。照明产品网是综合服务平台，用户体验为根本，可以有低价产品，但不可以有廉价产品。这绝对不是一句空话，的确存在一些以价格取胜的贸易型网站。这两者的本质区别在于品质和给于用户的价值。举个例子，在市场上，我看到过一种LED产品"玉米灯"用来替代螺口节能灯。这是个错误的产品。但也是个成功的产品，有销售。可是我不会去做。坚持自己的理想，不被小利和眼前利益诱惑。事实证明，随着市场和用户的成熟，这类过度型产品也逐步消失了。我并不羡慕这些老板在这一波潮流中挣到了钱，因为一旦你做低端的产品，那么这个公司的价值就低了，哪怕有一天想要走高端，也是太不容易了。这方面我看到过太多的案例了。

主持人： 对于未来的发展，您有什么样的目标和规划呢？

嘉宾： 如前所述，照明产品网的发展的趋势是融合。尤其是LED产业越来越显现出这样的态势。我们的近期目标，是整合供应链，初期定位于商业照明市场，为商业用户提供价值。对于商业照明而言，用户投资

于照明的资金是希望带来回报。举个例子：我们做过一个测试，我们为从事生鲜肉类销售的客户采购的照明产品进行了专门设计，在光源部分增加了红色光谱，专业称呼为"R9"，生鲜产品在设计后的光源照射下颜色更加鲜艳诱人。在两周的测试期内，生鲜产品销量提升了20%。这就是回报。目前这类产品也成为高端生鲜零售的普遍配置。当然，光源并不是我们研发的，但我们把握市场，这也是我们对于厂商的价值。了解市场，了解产品，整合市场，创造价值。我们希望能够以专业照明网站的定位，成为行业的新的渠道。不同于大型商贸类网站的是，照明产品网提供的是更专业的产品，例如，一些专用照明设备如舞台灯、高功率投光灯、特种光源等，都可以在网站找到。事实上，照明产品网的目标，不仅仅是照明超市，我们的目标是搭建一个照明行业的专业性的互动平台，运用互联网工具，形成一个个性化、智能化相交融的，集产品、技术、创意、商业、物流于一体的行业平台。

主持人：非常感谢黄总为我们分享了这么多精彩的内容，让我们对照明行业有了新的认识。携手互联网，共创照明行业璀璨明天，今天节目就到这里，谢谢大家！

嘉宾：谢谢主持人，谢谢大家！

江 波
北京博思信诚市场营销顾问有限公司总经理

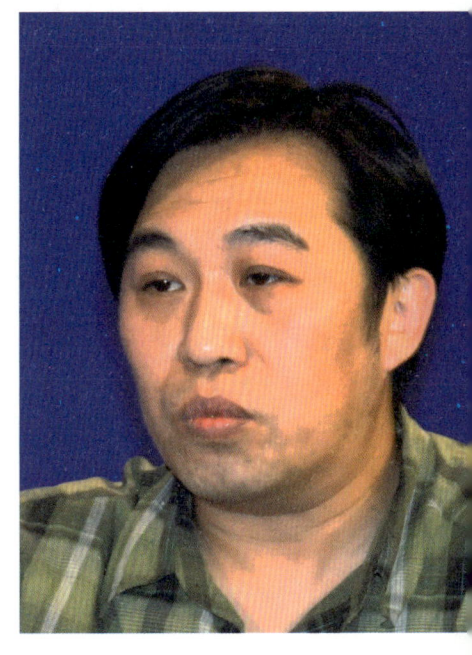

江波，会展行业先锋，北京博思信诚市场营销顾问有限公司总经理。从事会展行业近16年，期间协助国际性IT企业建立终端卖场的建设管理工作，在工作中实现了标准制定、落地工作考核、验收监测、计划调整、调研咨询，成功完成了上万家连锁店面的落地。2009年成功担任张艺谋鸟巢"图兰朵"唯一指定活动整合推广服务商。

公司介绍 Company Introduction

　　北京博思信诚市场营销顾问有限公司是一家集大型展览、会议、活动、各种POP制作、零售终端建设、商业空间建设的设计、管理、实施、运作、市场传播推广咨询服务等立体行销解决方案的制定与实施的专业化公司。为厂商提供数千家门店的运营管理服务，完成对门店的指导、激励、展陈等过程的组织和控制，达到提升门店形象和品牌竞争力的效果。根据厂商发展规划和经营战略，并分析相关数据和竞品信息，制定年度和季度运营目标。根据市场及竞争对手情况并结合厂商的自身实力设计运营管理方案，着重于门店形象提升和经营发展。

《首届中国企业价值传播盛典》访谈内容

——江波专访

主持人： "探访人物故事，传播价值能量"。各位观众大家好，欢迎收看《首届中国企业价值传播盛典》大型企业家访谈节目，我是主持人亚平。

本节目是由中国电子商务协会3G发展与应用工程和中国商业电讯共同主办，由新浪等多家权威媒体高度关注和支持。

随着中国会展产业的快速发展，越来越多的人加入到会展行业中来，各个企业求贤若渴，但是招聘过程仍然是千里马难寻，这导致企业的发展陷入到了瓶颈。但是今天我们的嘉宾却凭着自身先进的思想和科学的管理经验，率领自己的企业一路高歌猛进，今天让我们一起来认识一下这位行业中的先行者，北京博思信诚市场营销顾问有限公司总经理江波。江总，您好。

嘉宾： 主持人好，大家好。

主持人： 江总，您是怎么接触到会展这个行业的呢？

嘉宾： 当初也是一个朋友正好是做这行业的，并且做得非常成功，因为缺人他把我叫过去帮忙，结果这一干就干了16年时间。

主持人： 16年了。

嘉宾： 对，16年时间，在做的过程中，你会慢慢的喜欢上这个行业，因为这个行业真的是可以给你带来很多的新鲜东西。我到现在一直在做的原因，就是在于这个行业可以让我认识到世界上最超前的一些技术理念，包括好的产品。让我在这个社会里生存永远不会落伍。

主持人： 您从事会展行业已经16年，应该是对这个行业非常熟悉了，您觉得这个行业未来的发展前景怎么样？

嘉宾： 这个行业是一个非常好的行业，虽然它对于中国来说还是一个新兴行业，但是，它为社会产生这种价值感，其实是比较好的。比如，可以带动上下游的产业链，对区域的经济发展起到很好的作用，为城市带来经济效益。

主持人： 更好地去展示我们的形象。

嘉宾： 对，没错。

主持人： 那您觉得会展这个行业，现在的市场环境怎么样？

嘉宾： 现在行业整个市场环境，我觉得相对来说有几点不足的地方，第一个来说，这个行业里头我们需要的专业人才，还是非常稀缺的，另外一个，因为现在从事这个行业的公司相对比较多，在业内会产生很强的

这种竞争的压力。

主持人： 其实现在很多的观众朋友，对于会展这个行业并不是特别了解，能不能简单的给我们科普一下这方面的知识呢？

嘉宾： 好的，会展活动最直接的目的就是要为企业交流搭建平台，通过举办会展活动，邀请参展商与客商一起来交流，进行商务洽谈。参展商在发现新的产品，听取新观念的过程中，完成了商品交易，也为产品的创新汲取新的思路，互动性、参与性也是非常强的。

主持人： 我们公司是的主营业务是什么呢？

嘉宾： 我们公司具体做的其实有两块业务，一块是我们比较传统的会展业务，像各种大型的展厅，展览会，包括各种商品的新品发布会，然后包括一些终端的促销营销活动。

主持人： 其实不单单是做会场，会展这方面，还有其他的一些渠道方面的，是这样吗？

嘉宾： 对，没错。

主持人： 我们公司有没有具体的做过哪些案例呢？

嘉宾： 展览会是我们经常要做参加过车展、汽车配件展，还有自行车展，以及一些比较大型的IT展览会。我们基本上来说是一个比较全面的公司，从展览会的这种模式，一直到产品的一些推广，包括我们会举办大型的招商会。然后各种大型的新品推广会，包括一些可以为企业的营销带来一些机会，为企业的营销做的一些全国的巡展活动。

主持人： 这些活动是我们整个公司的一个团队在做？还是承包给某个人，或者某个小组，是这样吗？

嘉宾： 不是，不能这么问，对展览会来说，是公司内部团队来消化所谓的工作任务，只能说有个别的制作类项目，会跟它制作的专业公司去做。但实际来说我们会负责，比如说像负责这种现代化管理，然后现场的控制，包括AV也好，包括现场的一些环境，人员的替代也好，这种控制环节，都是公司的人主动来做的。

主持人： 整个公司要一起协商合作，对团队的默契度，也是有考验的，是这样吗？

嘉宾： 对，没错，是。

主持人： 其实刚才我们有提到现在会展行业已经进入了一个瓶颈期，很多人都难寻千里马，您是怎么寻到千里马的呢？

嘉宾： 千里马确实可遇不可求，但是我们希望第一个来说是在业内去找到更加有想法的一些人才过来。另外来说，我们希望人才的输入能够给团队带来更多朝气，而且我们也很注重公司内部培训。如果去做公司的一些案例，如何去把公司案例能够普及下去，这个来说也是对一些新员工，特别好的一个成长的空间。

主持人： 您会招聘应届毕业生吗？

嘉宾： 应届毕业生招的还是比较多的，应届毕业生的优势是有冲力，但是也确实有不足,企业对他以后的发展会有很大的影响。

主持人: 您有没有培养出来一批会展行业的人才呢?

嘉宾: 还是比较多的,要不然公司也不可能从四个人,一下发展到现在的30多个人。

主持人: 团队从最初的四五个人,发展成现在的30多个人,一直在不断地发展壮大,那么您有没有想过把这个团队打造成一个什么样的?

嘉宾: 有。我希望我公司的这些员工们,能跟着这个业内的步伐去走,因为在会展行业的来说,它的技术是发展非常快的。只要你喜欢,你会在这个大海洋里学到很多新的观念跟理念。

主持人: 您觉得这个观念和理念,它们的核心是什么?

嘉宾: 它们的核心,其实这也是我为什么喜欢这个行业的原因,你只要进入这个行业,你永远不会认为你在这个世界上是落伍的,这也是为什么那么多人喜欢这个行业的一个很重要的原因。

主持人: 比如说呢,会展其实在我的理解,好像就是搭KT板,或者是说宝丽布,然后上面写上企业的名字和宣传点,这就是一个展会,这是对我而言,我不知道您所说的这个跟着时代的步伐前进,是怎么样的一个形式?

嘉宾: 是这样的,刚才你举这个例子,可能一块KT板,一块宝丽布,它只是说我们用的一些展览材料,我们主要体现的是在会展实施层面上的一些创新的能力,比如从国外去学一些优秀的设计方案,包括新的一些执行理念,包括你可以看到现在大量的会展行业在用一些快速整合营销的方式,其实它都是我们作为会展应该去做的。

主持人: 您刚才说过您不光是单单做会展,还有一个其他的,叫做渠道是吗?

嘉宾: 对,渠道业务。

主持人: 渠道业务,这个是具体干嘛的呢?

嘉宾: 渠道业务咱们举个例子来说,其实中国包括世界上我们都有很多大型的连锁企业和连锁终端企业,连锁终端主要是要为消费者提供更多落地的卖场,能够让消费者快速的买到自己想要的产品。这些企业是我们公司其实在成立之初,也是在着力打造的,如何去为这些连锁企业做更多的服务项目。

主持人: 我可以理解成是帮助他们推广吗?

嘉宾: 它有几个层面,第一我们需要的是品牌,就是连锁企业一定要有一个终端的品牌形象落地,包括如何去选择一个店面的选址,如何去考虑客流量,如何去考虑让一个店铺做得更美观,质量更加优异,如何为消费者展示商品,能够让消费者跟商家产生更好的互动。

主持人: 比如说我现在要开一家店,但是其实我本身是对于这个怎么开店面是完全没有经验的,那我能不能把我这个店面以后怎么选址，怎么设计装潢，全部都交给您？

嘉宾：这是完全可以的。

主持人：您会帮我做市场调查吗，比如说这个地段，消费人群是什么样的，我自己完全不知道，我就想开一家这样的店，交给您，您可以完全帮我们操作，一直到我这个店开张为止，是这样吗？

嘉宾：对，没错。因为对于一个中等店面的存活，它其实存在有几个维度。第一个来说是定位，对于你的公司的品牌也好，公司的定位也好，还是说你的商品的价值也好，商品定位也好，一定是把它的这个定义先弄清楚了。所以说我们会在前期，会给你出一套方案，主要是在于如何去定义你的产品的市场定位。当然它会用一些资讯和调研的手段，去帮助实验出来，其实这是第一步。当你的定位清晰了以后，然后是如何去落地的过程。我们公司现在比较注重的是，在做的过程中，如何去做好一个品牌的质量管理，做好一个品牌的规范管理。

主持人：您刚才说到了，您这个企业其实更加注重这个质量管理，品牌管理，但是我相信其实有很多其他的公司也一样，所以为什么我们要选择你们这一家，有什么优势吗？

嘉宾：我们公司自从成立以后，到现在在这个行业里头，已经发展了很长时间了，我们一直在帮助企业做几件事情，第一是做品牌定位，第二是做落地执行管理，第三是做终端的一些销售区域的人员管理，包括一些资信管理。其实我们公司在这个终端渠道里头，所负责的工作量，包括负责的全面度是非常高的。

主持人：我们这个公司对未来有没有自身有一个定位呢？

嘉宾：其实我们公司对自己的定位，就是我们会根据这个终端渠道的成长，根据它的成长模式，我们公司也要不断跟着它去走。因为它的成长，或者它的终端落地一个成功的案例，就是我们公司想达成的目标。虽然说现在面对零售终端，尤其是那种大型连锁的终端，它会碰到一些瓶颈，尤其是在一些新的营销模式，包括电商模式，这些营销模式出现以后，传统的实体产业确实受到了很大的冲击，其实这也是我们公司以后一个很强势的发展方向。我们会根据企业终端的存活，到底如何去帮助企业认证、去咨询、去调查，应该怎么去迎合这个市场，这些是我们公司要做的事。

主持人：这可能就跟您刚才所说的，吸引您的地方。

嘉宾：对。

主持人：一直跟着时代的步伐一直不断地往前进步，不断地往前走，接受新鲜的事物。您看您做这个行业 16 年之久了，这一路走来一定有很多人生的感悟，能不能跟我们分享一下？

嘉宾：做一件事情首先要坚持，其次是兴趣，其实我们把坚持放在前头，是因为不管你做什么样的事情，坚持是最重要的。当

企业价值传播 | 069

你说你能够坚持下来，你就会慢慢对你所做的行业会产生一定的兴趣。

主持人：非常感谢江总今天的分享，江总先进的思想和管理模式也让我们受益匪浅，希望会展行业能够进入到更多人的眼睛中，也希望江总能够为我们带来更多新鲜的活力。本期的精彩节目就到这里，我们下期节目再会。

嘉宾：谢谢主持人，谢谢大家。

蒋英成

泸州市国基酒业有限公司董事长，中国糖酒门户网创始人

蒋英成，毕业于成都科技大学，2000年在泸州市江阳区劳动就业市场负责电脑工作。后来从事设计，并设计了商标国基5000、窖香天下等商标。现担任国基酒业有限公司法人代表。

APP 介绍 APP Introduction

 糖酒门户网 APP

糖酒门户网是国内先进的糖酒行业移动客户端软件，平台内设有商圈功能、地图功能、商机等多种功能版块，为整个行业提供一个展示产品和信息的平台，为客户与供应商之间搭建一个快捷、稳定的沟通平台，同时也帮助企业在移动互联网行业中树立形象、拓展经营渠道、扩大企业对外交流、增加电子商务合作机会。

《首届中国企业价值传播盛典》访谈内容

——蒋英成专访

主持人:"探访人物故事 传播价值能量",各位观众,大家好!欢迎来到《首届中国企业价值传播盛典》大型企业家访谈节目,我是主持人亚平

本节目是由中国电子商务协会3G发展与应用工程和中国商业电讯共同主办,由新浪等多家权威媒体高度关注和支持。

我国是酒的故乡,也是酒文化的发源地,是世界上酿酒最早的国家之一。酒不但被古代文人墨客所钟爱,现在更是餐桌上不可缺少的饮品。随着科技的不断发展,社会的不断进步,互联网无论是在工作中还是在生活中都有着重要的作用,那么伴随着互联网时代的到来,传统酒行业又将如何发展呢?今天我们有幸邀请到了泸州市国基酒业有限公司以及中国糖酒门户网的创始人蒋英成,蒋总!来谈谈他对酒行业的看法。

欢迎您蒋总!蒋总您好!

嘉宾:主持人好!大家好!

主持人:您能和我们说说您当时是怎么接触到白酒行业的?

嘉宾:我最初其实是在江阳区劳动力市场做电脑培训、电脑设计的工作,后来专门帮酒厂设计商标,有很多酒厂老板觉得我设计的作品很有特点,对白酒行业也有比较独特的见解,于是就叫我和他们一起做这行,我感觉还不错,就这样正式开始接触白酒市场。

主持人:现在您的企业是主要经营白酒吗?

嘉宾:不是的,我们除了经营白酒外还经营红酒,农副土特产品,桂园,笋子之类的。

主持人:您认为您的企业和其他酒类企业相比有什么竞争优势?

嘉宾:泸州是著名的酒文化起源地,我们在这里占有地理优势,国基酒以养生为主,我们的经营理念是:不仅要发展酒义化,更要发展做健康养生酒文化。主要是要符合市场需求,根据需求去改变生产方向,与时俱进。

主持人:是的,企业要想快速发展不仅要看市场需求,更要改革经营方式,近来互联网对传统行业的发展产生了很大的影响,不少传统企业家也纷纷向互联网转型,实现

传统行业和互联网的结合，出现了电子商务，您对电子商务是怎么看的？

嘉宾：电子商务是一个大的发展方向，阿里巴巴刚上线我就注册，我还是第一批注册的会员。我经常在网上卖东西，智能手机还没出来，我就知道以后大家一定会非常依赖手机，移动互联网的发展市场一定会非常好，于是就在成都注册了移动互联网"中国糖酒门户网"。

主持人：刚刚听您说是很早就接触互联网了，那"中国糖酒门户网"的创建是不是和您的自身经历有关，让您更早的认识到互联网的优势？

嘉宾：也有一部分原因吧，我在很早之前就接触到互联网，我本身就教电脑，对电脑比较熟，对互联网本来就了如指掌。还有一方面就是这几年互联网发展迅速，现在实体经营越来越不占优势，我就是做实体经营的，觉得和互联网结合会是一个很大的市场，互联网可以带动我的实体生意，通过网站、APP能更加直观地展示我们公司情况。

主持人：现在创办客户端的企业很多，您认为您创办的这个平台有怎样的特色或者优势？

嘉宾：中国糖酒门户网客户端提供了比较精准、细化的搜索服务，针对中国糖酒行业进行了精准的品牌词汇定向，并结合移动APP可以提供LBS服务的特色，加强地域性管理和筛选功能，因此使用中国糖酒门户网能取得更精准的搜索结果。所以，在我看来与互联网的结合，才能真正帮助传统企业创造更多商机。

主持人：对于平台未来的发展，您有一个什么样的目标呢？

嘉宾：做强做大是自已的目标，能尽力做多大就要做多大，要尽自已的努力。

做到真正线上线下的结合，把它打造成一个真正的专业性知名平台。虽然我年纪已经不小了，但是我会跟着社会的脚步去学习配合，不断的成长，做出一番成绩。我要把中国糖酒门户网推广出去，让更多志同道合的朋友加入进来，一起打造这个平台。

主持人：从您开始为酒厂设计商标，再到进入酒行业已经有好多年了，那么您认为酒类企业在中国企业中发展的秘诀是什么？

嘉宾：中国白酒行业经过多年的发展，形成了基本稳定的行业格局。在这个格局金字塔尖的高端白酒品牌过得相对比较滋润，虽然受到了塑化剂等等一些因素的影响，但仍然不会动摇这些企业的地位。真正过得困难的中小型白酒企业，显然无法从高端白酒的受挫当中受益。据营销策划公司的初步调查，中国白酒企业约有3.7万家，年营业额超过500万元以上的约有1.2万家，还有更多小型酒企在市场上艰难地生存着。所以坚持去突破，敢于去打破格局才会成功。

主持人：对于正在创业路上的年轻人您有哪些忠告？

嘉宾：选择，今天社会给我们每个人提供了很广阔的施展自己才能的空间。供你选择的地方很多，机会多得让你眼花缭乱，关键的问题是，你自己是不是一个真正的人才，如果你坚信自己是一个真正的人才，那么，你也应该坚信，你一定能找到一个好的平台，在这个平台上施展自己，磨练自己，丰富自己，成就自己！把你的人生做成一个令人骄傲的完美的项目！创业人选择特殊的事业，超前的眼光，做多数人想不到的事情，遇到的困难自然也比别人的多和大，而你需要更高的境界和品德来解决。

主持人： 选择好正确的道路，并且坚信自己可以成功，并且持之以恒的坚持下去，在工作中、生活中不断地磨练充实自己，也许你就是那个创造奇迹的人！非常感谢蒋总的无私分享，我们本期节目就到这里，下期再会！

嘉宾：谢谢主持人！谢谢大家！

蒋耀平
江阴广安星达交通设施安装有限公司董事长

蒋耀平,江苏江阴人,汉族,自1995年公司成立以来,蒋耀平先生一直秉承"质量第一、信誉至上"的经营理念,带领团队服务创新,通过技术创新来改变原始施工模式;通过工艺创新来提高施工质量,杜绝假货进入施工现场。自身勤苦朴素、敢于尝试,通过不断创新的经营思路,经过近几年的不懈努力,使公司发展成为集设计、施工、安装于一体的多元化企业。

公司介绍 Company Introduction

江阴广安星达交通设施安装有限公司(原名为江阴广安星达水电安装有限公司),于1995年3月在无锡市江阴工商行政管理局注册登记成立,注册资金200万。公司自1996年开始至今制作安装道路标牌、划道路标线、交通信号灯制作施工、安装、调试及长年的维护保养工作。自成立以来,已参与多项江阴市及省外重点工程施工。

李 冰
山东山建环保科技有限公司总经理
"中国环保门户"创始人

李冰，山东人，机电专业毕业之后在山东省科学院工作，在此期间做了很多产品开发和分析测试。1997年，伴随着反渗透技术从美国引入开始接触环保行业。在2000年和朋友一起创建了山东山建环保科技有限公司。2013年接触互联网，陆续创办了"中国环保门户"网站和"节能环保"平台。

网站介绍 Website Introduction

中国环保门户网

中国环保门户网本着为客户带来便捷与创造更多财富的目的，为商盟打造了绝佳的环保器材、环保材料、环保设备、污水处理、空气净化器等环保产品展示的舞台。不仅为客户提供最便捷的环保供应求购渠道，还提供最新最热的环保资讯、环保新闻、新兴能源、环保技术、科技成果、节能减排、代理招标、环保公司、环保能源、供应采购、代理加盟等信息。

《首届中国企业价值传播盛典》访谈内容

——李冰专访

主持人："探访人物故事，传播价值能量"，各位观众，大家好！欢迎来到《首届中国企业价值传播盛典》大型企业家访谈节目，我是主持人亚平。

本节目是由中国电子商务协会 3G 发展与应用工程和中国商业电讯共同主办，由新浪等多家权威媒体高度关注和支持。

近年来，环境污染问题伴随着城市化进程和工业化进程的不断加快，日益严重。促使国家对环保问题越来越重视，并加大对环保基础设施建设的投入，拉动了相关产业的市场需求。环保产业总体规模迅速扩大，产业领域不断拓展。今天做客我们节目的嘉宾就是一位从事环保行业的成功人士，他将带我们一起走进环保行业。他就是山东山建环保科技有限公司的总经理以及中国环保门户创始人李冰，李总您好！

嘉宾： 主持人好！大家好！

主持人： 您是怎么接触到环保这个行业的？

嘉宾： 接触环保行业大概是从 1997 年开始，我本身是学机电专业的，毕业之后在山东省科学院工作。期间做了很多像产品开发、分析测试等一些工作。97 年的时候就有一种技术，叫反渗透技术，是从美国引进过来的。科学院为了开发这项技术专门成立了一家公司。我是对新技术是比较感兴趣的，就申请了加入这家公司，当时是用来处理净水，后来很快在齐鲁石化排水厂用来做处理污水的实验。从那时开始就算开始接触污水环保行业了。

主持人： 您自己创建一家公司是吗？

嘉宾： 在 2000 年的时候，也算是机缘巧合和两个朋友创建了一家环保公司。

主持人： 公司主要是做什么？

嘉宾： 目前的话公司主要是以水处理为主，而水处理主要是分两方面，一个是净水，一个是污水。像喝的纯净水、矿泉水这些都是要经过净水处理。而生活污水、工业污水、中水回用这些都是污水处理范畴。

主持人： 主要的客户群体有哪些？

嘉宾： 近几年我们是以工业污水为主的。在工业污水处理中以工矿企业为主体，但是也有像学校、酒店、开发商等等这些。其实环保是各行各业都需要关注的。

主持人： 您也是从事环保行业很多年了，

您觉得环保行业之中存在哪些问题？

嘉宾：我个人的感觉环保行业不是太好做。为什么呢？因为对于客户来说，环保不是对他带来经济效益的事情，主要是社会效益，尤其是在经济不景气的情况下，他们的资金主要是用于自身的运转，要先生存。如果是在投资环保的事，一般来说受到阻力还是挺大的。我感觉环保行业要想长久发展，第一，还是主要靠政府来抓，政府来重视，而且这个重视要是持续性的。现在国家已经是非常重视了，而且新的环保法已经实施了。像在山东临沂市市长召开座谈会探讨环保问题。原来为了维持大局，为了稳定，为了维持就业，一些环保问题放任不管，但是现在是宁愿企业关门，有大批的失业人员，也要管，也要重视环保问题。

第二，环保行业要想长久发展，企业除了重视以外也要有一些相应的措施。对一些企业要有一些帮扶措施。像有些企业他本身不是不想治理，主要是环保治理水处理费用是很高的，有一些企业他做的产品，利润空间很低的，就是他治理不起。像这种情况下，国家政府应该出台一些政策来帮扶，这样的话也能让企业生存下去。

第三，作为我们环保公司和环保人士来说，也要不断加大新技术的开发。原来环保，就我们水处理来说，以前污水处理就是把废水处理达标排放了，如果可以把污水处理后回用或者把有用的东西提取出来。能产生一些经济效益的话，可能对企业来说更能接受一些。

主持人：李总刚刚在介绍您的时候，知道您是中国环保门户的创始人，怎么会想到要把环保和互联网相结合的呢？

嘉宾：现在是互联网时代，互联网带来的便捷，大家也都感受到了，我感觉互联网最大的作用就是信息传播非常广，非常快。伴随互联网的电商发展也是非常快的，很多的企业都和电商合作，像我们这个环保产品，不太适合这种电商模式，因为它不是大众消费品，他的客户群体是特定的，是比较窄的，但是环保和互联网依然有很好的结合方面。比如我们的这个网站，我想让他起的作用就是信息的传播，还有一些咨询和产品的介绍，以及环保知识的普及。这些都有利于大家深入了解环保，参与到环保中来。另外一条，鉴于环保行业的特殊性，网站如果有它的价值的话，我还想增加三方面的内容。

第一，因为智能手机现在非常普及，每个人可以说是现场直播的记者。比如说，哪个地方出现像污水这些问题就可以拍个照片或者录个视频放到这个网上，就会发挥集体监督作用。当这个网站越来越大的时候，相关的部门也能越来越重视。

第二，现在很多企业不是不想搞环保，但是，他们没有这方面的技术，不知道找谁。比如说环保公司，虽然也是在做污水处理，有些技术达不到，没接触到这方面的污水，不知道怎么处理这方面的污水，污水也是千差万别的，谁也不可能掌握那么全面，并不

是能接触到所有的种类,这样的话就可以建立一个论坛,有什么问题客户发到网站上,知道的人就可以在上面做出解答,形成一个深度的互动,能解决实际的问题。

第三方面是我的亲身体验,资金问题对环保行业是一个挑战,是一个瓶颈。因为会有很多企业会出现汇款迟缓的情况,导致资金无法运转。现在社会都比较重视建立信任体系,我想在环保行业内也建立一个信任体系,能够把一些不守信的,放在这个平台上。因为我有一次这样的亲身经历,有一次在浙江,这是一个很大的项目,当时那个甲方都要和我们签合同了,我在网上查了一下这个公司,结果显示有不良记录,也就是信用有问题,我们就放弃了这个项目。现在有很多这样的情况,环保公司出现资金问题也没办法,打官司的话也费不起那个精力,就算是赢了也支撑不久。这也是制约环保行业发展的一个很严重的问题。

主持人: 我们的这个平台还是一个比较创新的平台,可以让每个人都参与进去,可以在网上进行监督,对于整个环境还有很大的改善作用的。

嘉宾: 最终我希望整个平台发展成一个公平公正,数据准确,形式多样,开放,能和大家深度互动,最具实用价值的,大众自己的平台,这是我的最终目的。

主持人: 您对这个平台近期有什么规划,能不能和我们聊一下?

嘉宾: 首先,我是和具有实力的公司合作的,依据我的构想,将对这个平台进行深入的改造,就是加上我说的那些功能。然后找一些志同道合的合作伙伴,像那些有责任感的企业家,有实力的企业家,邀请他们参与进来,共同打造这个平台,相信这个平台还是很具有影响力的。

主持人: 李总您做环保行业已经很多年了,但是其实也是从创业者开始的,那您能不能结合您自己的自身经验给正在创业的大学生或者在创业道路上的年轻人一些忠告或者建议?

嘉宾: 好的。个人创业肯定是一件非常困难的事情,个人感觉,肯定会有很多挫折,要想创业的话,首先必须要有敢于承担责任的勇气,必须要有一个强大的内心;第二就是要坚持,肯定会遇到这样那样的困难,看不到方向,但是一定要坚持往下走,不要倒退,只要坚持下去,你会有意想不到的收获。第三要不断地总结,不能一个劲的往前冲,要善于发现问题,多和大家交流,有时候选择比努力重要的多。第四,现在都在鼓励全民创业,但是创业也是一个风险极大的事情,大家也要学会控制风险,不要因为创业对家庭造成伤害,那是我们不愿看到。这些就是我的亲身经历吧。

主持人: 其实还是要理智创业,并且在创业之前就要有一定的风险评估能力。而且还要有一个强大的内心,不能因为遇到一点困难就要放弃。

嘉宾: 我建议大家在创业的时候最好选择自己喜欢的事情和熟悉的行业,这样创业的机率会大一些，创业中的乐趣也会多一些。

主持人：您自己本身喜欢环保行业吗？

嘉宾：还是很喜欢环保行业的，主要有三点吧。第一，这个行业本身是朝阳行，从上到下认知度较高。第二，做环保是在美化我们的环境，本身是在做善事，社会效益还是很大的，这事情总是要有人做的。第三，我做的是水处理，针对的是各行各业，挑战还是很大的，把一个污染很严重的水变成一个非常清澈的水也是非常有成就感的，目前的环境污染已经到了非常严重的地步。环境治理和食品安全一样是关乎我们每一个人切身利益的。我希望这个平台真正作为一个大众平台，能做大做强，为我们的环保行业出一份力。

主持人：希望有更多的人关注我们这个水污染问题，关注到我们自己的健康问题，非常感谢李总的精彩分享。

我们本期的精彩节目就到这里。我们下期节目再会

嘉宾：谢谢主持人！谢谢大家！

刘海雄
医药网网站创始人

刘海雄，男，出生于1955年，高级制药工程师，1982年大学毕业后到原卫生部武汉生物制品研究所，从事生物制品的生产和研究工作；其中"牛精浆中纯化的神经生长因子对周围神经再生的影响"课题分别获湖北省卫生厅科技进步二等奖、武汉市政府科技进步三等奖、湖北省政府科技进步三等奖、卫生部科技进步三等奖；1993年从事乙型肝炎诊断试剂（HBV）和艾滋病诊断试剂（HIV）的开发和生产；2002年参与"生物反应器生产狂犬病疫苗"的开发及生产建设。2008年创建"广州睿凯生物技术有限公司"，研究、开发、生产出"2,6-二-O-甲基-β-环状糊精"供给预防生物制品的生产，填补国内空白，取代进口。2014年注册了"医药网"。

网站介绍 Website Introduction

医药网（www.yyaowang.com）的页面版块中可以直观的看到医、药、病、保健、养生、预防等资讯，这里汇集了海量的商机、供求、合作代理信息，为企业提供了全面的医药行业资讯，产品行情供求信息等；而老百姓可以直接在网上诊病、开方、购药，这一特点可以拉近医生与患者之间的距离，除此之外医药网节省了时间、金钱、劳力、提高了工作效率，并将医疗资源进行了重新配比。平台相对方便的交流环境，更是打破了各国的医疗行业一直都是处于相对垄断和封闭的行业状况，而如果真的能够实现"互联网+智慧医疗"，将开启一个新的医疗时代，国内外不仅可以相互学习先进的医疗技术，而且跨境医疗项目也不再是艰难的事情，这无疑是给患者带来了福音。

《首届中国企业价值传播盛典》访谈内容

——刘海雄专访

主持人："探访人物故事，传播价值能量"，各位观众大家好，欢迎收看《首届中国企业价值传播盛典》，大型企业家访谈节目，我是主持人亚平。

本节目是由中国电子商务协会3G发展与应用工程和中国商业电讯共同主办，由新浪等多家权威媒体高度关注和支持。

现在社会人群的长寿之道，除了要有规律的饮食和良好的心态以外，最为根本的就是要有一个健康的体魄，无论是治病救人的中西药，还是作为平时养生的营养保健品，都是为了能够强健我们自身的身体素质。作为传统医药行业线下市场，随着互联网时代的到来，现有的市场环境在被一点一点的冲击着，更多的医药行业经营者选择了进入互联网这个大的浪潮中，寻找新的商业机遇。今天做客我们节目的就是医药行业的先行者，欢迎我们医药网创建人刘海雄刘总，欢迎您刘总。

嘉宾：主持人好，大家好，我是医药网的刘海雄，很高兴今天能在这里。

主持人：刘总，您是怎么接触到我们这个医药行业的呢？

嘉宾：因为我在农村长大，从小就目睹到了很多老百姓平时用名不见经传的一些植物类的东西，来对付这个常见病。比如有个头疼脑热的，有个肠胃不好的，还有皮肤、肌肉长疮长疖之类的，所以从小我就对医药方面的事很感兴趣，而且一般都能够治好。

主持人：您自己上山采过药吗？

嘉宾：我倒没有特别去采过药，倒是用过它，有一次上山的时候砍柴，确实伤到了自己，我在渺无人烟的地方，不像现在可能会有比较方便的创可贴的，那个时候没办法，只能自己镇静下来，四处去寻找植物治疗刀伤。

主持人：估计平时见多了，然后当时就会比较镇定的知道我要该怎么办了？

嘉宾：对，采到这个药以后，本来那个药要捣碎的，也没有办法捣，只能用嘴巴把它嚼碎，敷到伤口上，然后撕块布，把它绑起来。

主持人：您当时多大，能这么镇定？

嘉宾：应该是十多岁。

主持人：十几岁的时候。

嘉宾：对。

主持人：那您后来有没有专门学习过怎么使用这种中草药？

嘉宾：因为是在农村长大的，无意中会受到老一辈人，或者说是受到大人的影响自然而然就会了，而且这些东西过了几千年都是这么传承下来的。

主持人：对，老祖宗传下来的东西。

嘉宾：我们中华民族民间传承下来处理疾病的方法是没有书载的，只能是靠老的传新的，那么你在农村长大，就会有老人平时会碰到什么就跟你说什么，或者说你自己好奇的话，你问他，他会告诉你。它跟中医中药有雷同的地方，只不过那编成了书。

主持人：回到我们现在的生活中来说，您觉得我们这个医药行业未来的发展前景怎么样？

嘉宾：医药行业是我们国民经济里非常重要的一部分。现在随着人民生活水平的提高，对它的需求量也是越来越大，可以说它是一个永不衰落的朝阳的产业。

主持人：现在互联网发展这么快，很多企业都在转型，这会不会给医药行业带来冲击？

嘉宾：互联网的发展是挺快的，特别是电子商务的发展，是给传统行业带来非常大的冲击，我们医药行业也不例外。

主持人：您自己有没有做什么行动，往这个互联网方面靠拢，紧跟时代的步伐？

嘉宾：说实在我也是一个很偶然的机会，看到有个朋友跟我展示他的智能手机的一些功能，马上我就想到了，既然医药是一个永不衰落的行业，如果它能够跟这个智能手机这块功能结合起来。

主持人：移动互联网。

嘉宾：对了，移动互联网，跟这个结合起来的话，那它大有作为，对吧？

主持人：对。

嘉宾：所以我就创立了这个医药网。

主持人：它是一个什么软件？

嘉宾：可以这么说它是一个完整的网站，它不但在电脑端可以看到，而且在手机的移动端也可以看到。甚至里面还有微信、微博，微商城，在平台上大家可以自由分享、交流。

主持人：那您能跟我们详细的介绍一下吗，就是这个到底是干吗用的呢？

嘉宾：这个意义可大了，它可以容纳非常非常大的数据，会有丰富多彩的资讯。首先来说这个资讯的作用，第一个它是来倡导大家如何保健、养生、预防疾病。

主持人：预防疾病？

嘉宾：对，就说如何提高自己的体质来预防疾病，这是一个首要的任务，第二个任务就是普及老百姓对医、对药，对病的基本常识。我们对它的认识提高了，那么有些小病，我们就不一定要到医院去看医生了。

主持人：给我们请了一个医疗方面的老师。

嘉宾：你就可以根据上面学到的知识和自身的情况，你到药店去买药，这是第二方面。那么第三方面就是通过技术的发展，还有在政策的允许和遵守国家法律的情况下，从网上求医问药。可以通过网上的挂牌医生，通过预约、联系、咨询让医生帮你诊病、开处方，在网上直接下单，买药。

主持人：如果我身体不舒服，到医药网来咨询一些问题，给我建议的这个人一定是医生吗？

嘉宾：这个你放心，不是有资质的医生，是不能挂到那上面去的，我们会严格审查，说你是医生，你要把所有的证件拿出来审核。一定要是通过国家正规考核的证照，你没有证照肯定不行，有证照，正规的，你可以挂上去。平台上会有清晰的科室分类，有中药的，有中医的，有西医的，有内科、外科的。个人可以根据自己的情况去找相对应的人，这样的话比较方便大家寻找，不管医生在哪儿，或者说不管你自己在哪儿，你只要通过网络就可以找到适合给你看病的医生，这样就拉近了距离。

主持人：好像您给我配了一个私人医生一样。

嘉宾：可以这么说。

主持人：那这样的话，我就放心了，平时可能我们偶尔身体有一些小的问题的时候，会导致恐慌，如果说我们有一个专门的私人医生可以实时给出建议的话，会减轻我们内心的一些恐慌感。

嘉宾：对，真正要减轻内心恐慌还是要自身要对病要有个认识，所以每个人多少懂得一些病跟医跟药的基本常识，不用太深就好了，你心里就淡定很多了。

主持人：对。您觉得我们这个网站，跟其他的同行业的网站相比有没有什么优势？

嘉宾：其实这个优势的话，看各自去发挥，我不说别人的怎么样，我只说我对我的网站的期待，我的网站要发展成什么样。前面也说到了几点，那么我后面还可以说，就说我期待中的网站，那么为这个社会提供一个公平竞争的平台。

主持人：公平竞争的平台？

嘉宾：对，也就说通过网上买药，卖药，我这么一个公开的平台，那就是竞争很公平了对吧。

主持人：对。

嘉宾：竞争就会很有秩序了，打破了以前一些大家不知道的一些东西，加快了这个低劣质产品的淘汰速度，这是很重要的。第二就是说为这个医药企业，或者是生产厂商，或者经销商，提供一个稳健的、快速的平台，就是他们在上面，可以树立它的形象，也可以在上面获取非常多的商机信息、供求信息、

合作的信息或者技术上的参考信息。这样的话，拓宽了他们的经营渠道，也扩大了他们交流的范围，有这么省时省力的一个平台给他们何乐而不为，我想他们也是会很欢迎的。

主持人：那您今后会如何运营这个平台呢？

嘉宾：不断完善资讯内容，提高老百姓对疾病的认识。在网站倡导健康养生，根据不同的季节帮助大家制定不同的身体调理计划。

主持人：那如果饮食特别不规律，或者经常酗酒的人，应该怎么调理呢？

嘉宾：其实走在街上，你可以很明显的看到，谁是饮酒过量的人。

主持人：脸红？

嘉宾：不是脸红，而是看上去多少有点臃肿，有点胖那种脸，很多都是喝酒喝的。这种人在中医来说，他就是湿气太重，那么他应该调的，就是说如何驱湿排水，要用什么东西。如果说大家都能够掌握一些医学常识，就可以根据自身情况来调理。

主持人：对。

嘉宾：对吧，那么中医中药在日本，在韩国，他们都称为汉方。

主持人：汉方。

嘉宾：汉药在全世界都是很受欢迎的。如果说通过这个网站，能够把我们的国医国药推出，输送出国门，我想这也是一个很大的幸事。

主持人：您刚才其实跟我说了这么多，好像一直在说您之后会有一些什么想法，想问问您有什么具体的目标？

嘉宾：能给老百姓带来方便，带来省时省力又省钱，效率又高的实用性平台，减轻了经济负担，同样也是为国家减轻他们的一些经济负担。因为我们国民那么多，我的网站出发点很朴实的，就是说为老百姓做点事为国家做点事，减轻老百姓跟国家的负担，就希望能达到这个目的。当然了，我也期待说能够跟有一些志同道合的有识之士一起来合作，把这个网站做好，把它做大。

主持人：真的非常朴实，而且非常和蔼可亲的一个企业家，只是想为老百姓做一点事情，让我们这个平台真的发展得更好，能够让更多的人了解到它。

嘉宾：对。

主持人：您做这个医药行业，是不是也已经很久了？

嘉宾：从事医药行业的话，真正从事医药行业也就是三十来年时间。

主持人：还也就是三十来年，其实比我的年龄都大。

嘉宾：因为这几年没有直接去接触，是间接的，所谓间接的就是说，我的企业生产了一个辅料，是给一个大的制药公司去做一种添加剂。

主持人： 可是慢慢地我们也走向了，完全是跟我们医药行业接触的这样一个状态是吧？

嘉宾： 只是间接的，公司的产品我跟你介绍一下，它是一个叫做 β-环状糊精的产品，这个产品就是专门供给百日咳细菌的培养用的。β-环状糊精最早最早是靠进口，后来国内有一家会生产，但是它供不应求，我们也就是说看到这么一个机会吧，为了满足这个预防生物制品的需求，所以我们也就引进这个项目。

主持人： 您从事医药行业三十多年了，有没有什么经验跟我们年轻人分享一下？

嘉宾： 这谈不上是经验，每个人都有自己为人处事的方式，从我自身的一些经历来讲几句吧，但是也只是仅供大家参考。这么说吧，你想好的一个事情，你就要坚持下去，这首先来说要坚持你自己的信念，你比如说你当时考大学，你报考了医学，结果现在行医好像也不是那么好。你是不是打退堂鼓了呢，要是我来说，就不应该打退堂鼓，因为你首先当时选择的这是对的，你如果一直坚持下去的话，肯定还是对的，这就叫做要坚持自己的信念。任何事情都不可能是很容易达到你所期待的目标。

主持人： 在学习中求发展，真的非常感谢刘总为我们分享了这么多的精彩内容。目前互联网电子商务领域已经出现了医药网这样的电子商务平台，这表明医药行业在互联网的掘金浪潮已经开始了。医药网将医药行业在传统的线下市场进行了格局裂变，我相信未来的电子商务市场，将会是医药行业的主攻阵地。非常感谢刘总的精彩分享，我们本期的节目就到这里，下期节目再会。

嘉宾： 谢谢主持人，谢谢大家。

李红政

宁夏金玉龙环保建材有限公司董事长
中国环保建材网创始人

李红政，男，汉族，生于1969年5月，宁夏回族自治区中卫市人，现任宁夏金玉龙环保建材有限公司董事长。李总2000年9月离职经商，于2004年成立中卫市金玉龙建筑业劳务分包有限责任公司，2012年成立宁夏金玉龙环保建材有限公司，主营新型节能环保建材，投入大量资金，引进先进的全自动无机水泥发泡保温板设备，生产出的JYL无机水泥发泡保温板得到宁夏回族自治区建设科技成果推广认证，是宁夏唯一获得该项目推广认证的企业。2013年8月投资创办中国环保建材网。

网站介绍 Website Introduction

中国环保建材网（www.zghuanbaojiancai.com）是一个专业性很强的行业门户网站，该网站首页涵盖了行业资讯、环保建材、供求信息、招商加盟、环保企业、建材展会、建材报价等板块。是集企业品牌宣传、产品信息发布、产品展示、产品导购、产品交易为一体的行业门户网站。以国家政策为导向，紧跟时代步伐，大力发展环保建材产品，全面整合了现有知名建材企业，以及多家知名品牌企业的先进技术，从而带动传统建筑行业的发展。

《首届中国企业价值传播盛典》访谈内容

—— 李红政专访

主持人："探访人物故事，传播价值能量"，各位观众，大家好！欢迎来到《首届中国企业价值传播盛典》大型企业家访谈节目，我是主持人亚平。

本节目是由中国电子商务协会3G发展与应用工程和中国商业电讯共同主办，由新浪等多家权威媒体高度关注和支持。

现代生活中，环境的质量对于生活的影响，有着不可忽视的重要性，近些年，国家的发展速度可谓是突飞猛进，但是，伴随而来的却是严重的环境污染问题，对于这个现象，国家也是出台了一系列的应急措施，尤其是对于环保行业进行了大力推广，但究竟如何推进环保事业的发展？今天我们有幸请到中国环保建材网的创始人、宁夏金玉龙环保建材有限公司李红政李总光临节目现场，李总您好！

嘉宾： 大家好！主持人好！

主持人： 现在环境污染越来越严重，环保行业无疑是造福人类生活环境的绿色行业，那么李总，您是如何看待环保行业正在崛起的这一现象呢？

嘉宾： 其实，环保行业的崛起，还是与现在的环境污染问题有着密不可分的关系。近些年，随着我国经济的快速发展，能源消耗、环境污染、生命安全等问题都尤为严重；正是因为环境日益遭到破坏，所以现在，节能、利废、环保也越来越被人们所重视起来。在这样的大环境下，环保行业的社会责任就显得更加的重要。比如在建筑工程上，尽可能使用低碳环保材料；在生活上，使用低碳环保产品，这样做不仅能够降低能源消耗，同时也改善了人们的生活环境质量，使人类的生产和可持续发展真正实现。所以环保行业也是跟随着国家的发展正在迅速崛起。

主持人： 没错，在现在的环境中环保行业的社会责任越来越重。那么您跟我们分享一下，当初您是如何进入环保行业的呢？

嘉宾： 首先，在进军环保行业前，我对国内市场环境进行了深度研究，同时也对很多行业进行了分析对比，最终发现，近20年来，欧美日韩等发达国家对节能型环保建材的发展非常重视，特别在20世纪90年代后，节能型环保建材的发展更加迅猛。目前，伴随着我国建筑节能标准的不断提高，市场对于节能型环保建材也有了更高的要求，与此同时，低碳节能的意识也渐渐深入人心。正是基于这些条件因素，所以我才选择了环保建材这一行业，我认为环保建材行业在未来的发展前景一定是非常可观的。

主持人： 如今您的企业取得了这么大的成就，有什么独到的成功秘诀可以跟我们分

享一下？

嘉宾：我认为诚信是企业取得成功的首要条件。一个企业要想做好、做强，首先必须要有信誉，只有这样，才能让消费者买的放心，用的安心。所以，诚信对企业来说就像生命一样重要。

其次是目标和行动。一个有着宏伟计划的企业，如果没有实际的行动，那么所有的一切都只是空想。行动，才是企业成功的基石。

最后是对员工的培育。任何一个成功的企业，都会在员工培育方面做很大的投入，关心他们的生活，给他们好的待遇，创造好的发展机会，不断调动和激发员工的积极性，让他们在企业中充分体现自己的价值，要知道员工才是真正推动企业走向成功的中流砥柱。

主持人：嗯，诚信至上，找准目标，努力奋斗，重视人才，我想每一位企业家在创业的过程中都有不同的经历，那么对于您个人来说，在此之间让您最大的收获是什么？

嘉宾：我觉得理想、勇气、执行力、态度、人际关系和价值体现都是在创业当中逐渐积累起来的。每个人都可以成功，这些基本条件很多人都有，但为什么成功的人却那么少呢？从我自身的角度来说，我觉得我最大的优点是能够接受新生事物，做事有持之以恒的精神，敢于大胆尝试，不怕输，就算不成功，也可从中得到经验教训，为以后的发展积累经验，我想这是我这些年最大的收获。

主持人：敢于挑战，勇于尝试，我想这也是这个企业成功的重要因素，那么企业走到今天，有没有面临到过发展方面的问题？

嘉宾：企业发展过程中，当然会遇到各种各样的问题。目前呢，在宁夏回族自治区生产水泥发泡保温板的企业大大小小有60多家。我公司生产的JYL无机水泥发泡保温板是宁夏第一家通过自治区建设科技成果推广项目认证的产品，目前也是唯一的一家。随着市场需求的增大，公司要面临扩大生产规模来满足当前的市场需求。但由于销售产品资金回笼慢，融资难，发展速度受限，这也是很多生产建材生产企业所共同面临的问题。

其次我们面对的就是产品创新的问题。现在，产品的生命周期也越来越短，因此不去创新就随时会被市场所淘汰。目前呢，我们的技术团队也正在研发新的环保建材产品，相信在不久的将来就会进入市场。

主持人：嗯，只有不断创新才可以与市场紧密接轨，可以听出，李总对于企业目前的发展动向已经做好了完善的规划，据了解，李总您也是比较关注互联网领域的，能不能简单的跟我们介绍一下？

嘉宾：说到互联网，我个人也是有着非常多的感悟和想法。随着互联网的快速发展，网络也在不知不觉中影响着我们的生活，也在悄悄的改变着我们的传统经营方式。这几年，国家也号召传统企业向互联网方面转型，企业的发展肯定要顺应国家政策的指引方向。现在，同行业竞争非常激烈，市场饱和速度较快,所以我们更要完善的建立自己的核心竞争力来应对市场。目前我公司不仅要提高生产技术,加大环保节能建材新产品的开发,更重要的是推进公司在经营、管理、营销、销售等多个环节的转变,快速提高公司在各个环节信息化水平、实现全面的企业转型升级。

主持人: 我了解到您建立了一个线上平台:中国环保建材网,这个网站有没有什么独特之处能跟我们分享一下呢?

嘉宾: 可以,我当初也是出于对企业未来发展方向的种种考虑,开始建立了中国环保建材网这个线上平台。它与同行业的其他网站相比,有一些独特之处!具体我概括为三点:

一是产品齐全,功能全面;本网站是包括建材、房产、装修、家具、生活五大行业的大型专业门户网站,网站建立了企业、产品、供求、资讯、展会信息等近百种类型的庞大的数据库,将各类型环保产品有效的归类,方便用户一体式搜索,让用户轻松购物的同时,还提供全面的行业资讯。

二是服务完善,商机无限;本网站具有功能强大的导购信息平台,提供全新的、全套的信息化服务,并建有及时交易的买卖通功能;可以帮助企业开阔视野,拓展商机,引领消费,展示风采,繁荣文化。

三是线上线下,一站式服务;采取厂家、销售商户入驻的形式,为大家提供了一个强大的商品信息发布与销售平台。我们不仅有线上网站的产品展示,同时我们也有自己的生产企业,这对于目前很多采用代工企业进行销售的网站来说,我们的优势更加突出,产品价格更加合理。

主持人: 嗯,非常完善的一个线上平台,那么对于未来,您又有一个什么样的计划与目标呢?

嘉宾: 作为一名环保行业的从业者,首先当然是希望自己企业越做越大、越做越强,为环保事业奉献自己的力量。但是企业的发展绝对不能盲目,要脚踏实地。只有努力做好现在的每一件事,打好坚实的基础,才能有机会更好地发展。我未来的目标是吸引全国更多的建材行业客户入驻中国环保建材网,最终把我们的网站打造成为国内环保建材行业网站的龙头企业。

主持人: 在当下,环境保护问题已经成为现代社会生产生活当中首要思考的因素,希望能有更多的人重视起来,有更多的人对环境保护事业做出自身的贡献。同时我们也祝愿李总的企业能够越办越好,希望在未来,李总能为我们带来更多更好的环保产品!在这里非常感谢李总的无私分享!

本期的精彩节目就到这里,再会!

嘉宾: 谢谢主持人,谢谢大家!

刘 虹
河南鑫能实业有限公司总经理，矿产官网创始人

刘虹，河南郑州人，2007年创办河南鑫能实业有限公司，具有十几年的矿产行业工作经历。在2008年，参加了马云在河南的讲座会，开始接触到互联网领域。2013年有创建网站的想法，但是当时对互联网领域有些陌生，于是一直关注学习。2014年6月份，创建了矿产官网，开启了互联网模式。

网站介绍 Website Introduction

矿产官网（www.kuangchanwang.cn）是一个关于矿产行业的专业性平台，是在新媒体时代诞生的营销模式，它打破传统矿产行业的束缚，改变了传统销售只会做广告、发信息的推广模式。矿产官网主要是给网站的会员企业及行业精英，提供一个可以展示自己的平台。

《首届中国企业价值传播盛典》采访内容

——刘虹专访

主持人："探访人物故事，传播价值能量"，各位观众，大家好！欢迎收看《首届中国企业价值传播盛典》大型企业家访谈节目，我是主持人亚平。

本节目是由中国电子商务协会3G发展与应用工程和中国商业电讯共同主办，由新浪等多家权威媒体高度关注和支持。

矿产资源是经济发展和社会全面进步的重要物质基础。随着互联网的不断发展，许多行业借助于互联网这一平台的发展一跃而起，传统的矿产行业也不例外，今天我们采访的嘉宾是矿产官网的创建人：刘虹，让她跟我们讲一讲在信息化日益壮大的今天，怎样与时俱进，怎样将矿产行业与互联网结合到一起的？刘总，您好！

嘉宾：主持人好，大家好！很高兴来到这里。

主持人：刘总，您当时是怎么接触到矿产行业？

嘉宾：我也是在机缘巧合下进入到这个行业吧，大约也有十几年了。

主持人：据我了解矿产是属于存量市场，虽然也有稳定的用户，但是竞争还是很激烈的，是吗？

嘉宾：是的。

主持人：您是怎么看待这样的一个市场环境的呢？

嘉宾：我认为在竞争当中也有巨大的机会，换一种思路想问题才能突破传统企业的限制。

主持人：我相信在巨大的挑战面前，一定会有巨大的机遇，那在这种挑战和机遇面前，您是怎样去应对的？

嘉宾：嗯，我也是在这挑战当中遇到了前所未有的机遇，甚至这个机遇比我前十年遇到的机遇还要大，那么这是为什么呢？就是通过互联网这个媒体传播，让更多的行业精英还有更优秀的企业走到一块，打造一个平台，所以我认为这场竞争中机遇相对于风险会更大一些。

主持人：但是现在的传统行业都在慢慢的向互联网上靠拢，尤其是李克强总理提出"互联网＋"以后，好像很多人把重心都放在了这方面，您是怎么看待这样一个发展趋势的呢？

嘉宾：我是这样认为的，虽然现在是互

联网时代，但是要是全部抛弃传统模式，我认为还是不行的，应该是传统模式和互联网相结合，这个发展趋势，我还是很看好的。

主持人：您之前对于互联网和传统企业相结合这种发展模式了解过吗？

嘉宾：有，在08年，马云到河南去讲座。

主持人：08年的时候！

嘉宾：对，08年，我有幸参加了那次讲座，刚开始对互联网其实是似懂非懂，后来这方面接触多了，我就很想自己创建一个网站，不过当时并没有那么做，因为时机不太成熟。直到2014年，全面的做过调查分析后才创建了"矿产官网"这个平台。

主持人：能不能跟我们具体讲一下这个网站？

嘉宾：好。"矿产官网"是一个专业的行业性平台，客户在这里能够轻松找到它需要的信息，也能和其他企业相互交流、沟通，这样更有助于大家达成业务合作的目标。

主持人：您觉得，我们这个平台跟其他同行业平台来比，有没有什么优势存在？

嘉宾：矿产官网使用的是新型营销模式，打破了传统的条条框框。这是一个开放性的平台，可以为会员企业及行业精英，提供一个展示他们自己的舞台。而平台的公开化、透明化也可以让企业间的竞争更加公平。

主持人：矿产官网从名字上来讲，很独特，而且官网这两个字，我相信，给很多人的印象就是非常正规、非常专业，当时为什么会起这样的名字呢？

嘉宾：是的，矿产官网这个名字，我们是通过官方认证的，这也是我们初期的想法，我的员工们认为这个东西要做，就要做好，做强，做大，所以在这样的情况下，就做起了这个矿产官网。

主持人：在矿产官网创建的时候，就已经通过了相关部门的认可，并且严格按照国家的政策执行。

嘉宾：是的

主持人：嗯，有没有想过我们今后怎么运营这个网站呢？

嘉宾：目前来说，通过互联网这个新媒体营销模式，把更多的会员企业及行业精英都集中到矿产官网这个平台上。把资源整合起来，这样就能凝聚更多的企业精英，把大家的力量都凝聚在一块，我相信在矿产这个行业里，这个市场空间还是很大的。

主持人：您对于企业今后如何发展有没有明确的目标呢？

嘉宾：是有的，我经营矿产也有十几年，所以很明确企业的未来发展之路。第一我们要注重信息，有了最前沿的行业资讯、市场分析、技术分享，我相信一个企业的发展不会走弯路。第二是资金，要有强大的资金链，因为市场竞争很激烈，一旦资金出现问题会很难周转。

主持人：刘总，您未来有没有想过涉足更多的领域呢？

嘉宾：目前还没有。

主持人：还是一直比较喜欢我们的矿产

行业，把青春都奉献给了矿产行业。

嘉宾：是的。

主持人：对矿产官网未来三至五年有没有具体的发展规划？

嘉宾：计划通过大力宣传推广，两年内打出平台知名度，三到五年，为平台上市做准备工作，上市后它的发展空间会更大。相信在大家的共同努力之下，我们的平台一定会越来越完善，越来越受欢迎。

主持人：相信您是一定能做到的，因为可以听出来您的话语中非常的自信。

嘉宾：应该的。

主持人：您从事这个行业也这么多年了，有没有什么经验或者一些忠告给我们年轻的朋友说一说呢？

嘉宾：经验谈不上，忠告我可以给大家讲讲，以后不管做人还是做事，先做好人再做事，不管你干什么行业，从事什么，都要有一个自己的信仰，做人我认为还是要光明磊落，坦荡一点，诚实一点，这样，在为人处事或工作中，大家都可以接受你，先学会做人再做事，这样会事半功倍，而且会很快融入这个企业。

主持人：刘总说的没错，"施"比"受"更为有福，先做人，后做事，有自己的信仰，光明磊落，诚实守信！不论是矿产行业还是其他各行业，就目前的市场状况而言，我们不仅需要的是稳步向前，更需要的是创新发展，矿产官网不仅是突破，更是一次全新的改革，在这里我们衷心祝愿刘总的矿产官网能够越办越好，您的企业也会不断前进，勇攀高峰。

本期的精彩节目就到这里，我们下期节目再会！

嘉宾：谢谢主持人，谢谢大家！

李庆东
上海东辉果业有限公司董事长，"精品水果"垂直搜索创始人

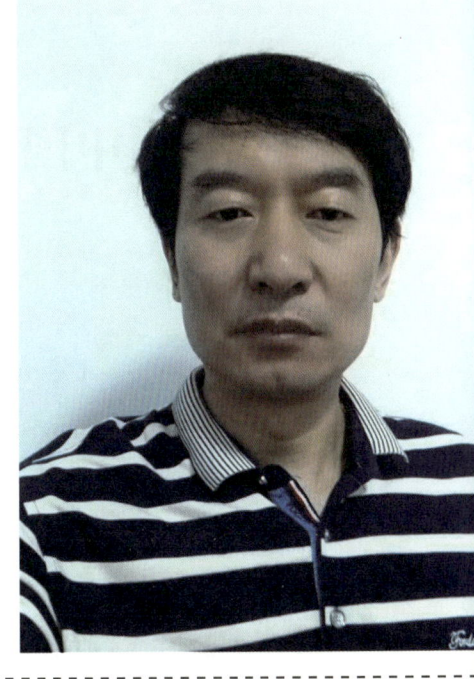

李庆东，1968年出生，江苏人，从事水果行业十余年，在2012年创建上海东辉果业有限公司，担任公司法人代表。2012年接触到互联网领域，并于2013年、2014年陆续建立中国果品、精品水果网上平台，实现了线上线下的营销模式。

APP 介绍 APP Introduction

《首届中国企业价值传播盛典》访谈内容

——李庆东专访

主持人："探访人物故事，传播价值能量"，各位观众，大家好！欢迎来到《首届中国企业价值传播盛典》大型企业家访谈节目，我是主持人亚平。

本节目是由中国电子商务协会 3G 发展与应用工程和中国商业电讯共同主办，由新浪等多家权威媒体高度关注和支持。

今天我们请到的嘉宾，从事的是一个人人都离不开的行业，无论男女老幼，不论世界各地，这个行业可以说是人们生活的必需品。好了，接下来，欢迎"精品水果"垂直搜索的创始人李庆东李总，欢迎！

嘉宾：大家好，主持人好。

主持人：当初是因为什么原因从事了这个行业？

嘉宾：机缘巧合。我平时比较留意身边的事物，水果这种东西，我认为人人都需要，算是一种硬性需求，我感觉做这个肯定是有市场的，就开始行动。没想到一做就是十几年。

主持人：做了十几年，可以说是一位资深人士了，那么对行业未来的发展有什么见解？

嘉宾：我能从事水果行业这么久，自然对未来的发展前景很有信心。这是一个与人们生活密切相关的行业，我们大家都离不开它。我国的水果产业正处于迅猛发展的阶段，尤其是近些年互联网异军突起，使水果行业显示出旺盛的生命力和时代特征，呈现出广阔的发展前景。

主持人：您刚才提到互联网，这是一股非常强大的力量。很多人认为这种力量给传统行业带来了一定的冲击，您是如何应对的？

嘉宾：既然是一股非常强大的力量，为何不能去加以利用呢？况且既然时代在改变，我们做企业的，自身也应该顺应这种趋势去做出改变。我创办"精品水果"垂直搜索就是个很典型的例子。

主持人：能不能给我们详细地介绍一下您的这款垂直搜索？

嘉宾："精品水果"垂直搜索，是我专门为进军互联网领域所打造的一款战略型产品。"垂直"，指的是专注于水果这个行业；"搜索"，就是以用户的需求为导向。我们专注于水果行业的优质产品和实时资讯，

根据用户的搜索习惯来进行合理排版布局，让用户在使用平台时，能够方便快捷地找到自己想要的；其次，"精品水果"垂直搜索为用户与供应商之间搭建了一个相互沟通的桥梁，在服务于用户的同时，也为业内伙伴开拓渠道；再者，我们将行业内的大量优质资源汇聚到这一个平台之上，浓缩在小小的APP之中。这么说吧，这相当于把水果行业的庞大资源，装进你的口袋里。

主持人：越说越让人感到好奇，那么多东西怎么装进我的口袋里呢？

嘉宾：我举个例子来说吧，主持人你平时喜欢吃什么水果？

主持人：樱桃，我对樱桃有一种强烈的嗜好。

嘉宾：OK，就拿樱桃来说。你想吃樱桃的时候，怎么办呢？肯定是亲自去市场挑选吧，而且还不一定能买到真正好吃的。但是现在，有了这款"精品水果"垂直搜索，事情就变得简单有趣了。下载了这款APP之后，只需要打开它，各种品类的樱桃资源都能找到，不仅如此，更有专业的内容帮你指导如何挑选自己喜欢的水果。感觉怎么样？

主持人：已经迫不及待地想要尝试一下了。那么李总，前面您也说到水果行业是一个前景非常好的行业，在这样一个行业里，竞争对手肯定不少，那么您的"精品水果"垂直搜索与同行业的其他平台相比，竞争优势何在？

嘉宾：我们这个行业竞争确实比较激烈，而且也不断在涌现着各种各样的网络平台，我也对这些平台进行过研究，大部分存在着两个通病：一是结构不规范，甚至混乱，想找个东西特别麻烦；二是内容比较单一，一部分平台只有单纯的产品，一部分平台只有繁杂的资讯，想要的东西在上面找不到。而"精品水果"垂直搜索，恰恰弥补了这种缺陷，首先我们提供丰富的产品信息以及行业资讯，而且都是优质的；其次我们的架构科学合理，给用户一个明确的导航指向，体验非常好。别人做不到的我们能做到，我想这就是最大的竞争优势。

主持人：对于平台的经营发展，您是如何规划的？

嘉宾：我一直比较认可一句话："企业的未来都是用户给的"，只有赢得用户，才有进一步发展的可能和基础。那么如何赢得用户呢？就是让用户的需求在我们的平台上得到满足。我对平台的规划，也会围绕这一点展开，虚心听取用户的意见，不断改进，不断完善。

主持人：在未来将实现一个怎样的目标？

嘉宾：我希望在未来，能够将"精品水果"垂直搜索，打造成为行业内顶级的服务平台，吸收更多的优质资源，服务于更多的客户，为整个水果行业的发展带来一些正能量。

主持人：做企业这么多年，您个人有怎样的心得和感悟？

嘉宾：这么多年过去了，最让我难忘的东西，其实不是取得的辉煌成果，而是事业刚刚起步时的艰难，那时候没资金、没渠道、没人脉，唯一有的，就是想做出一番事业的梦想，这才是一个人最宝贵的东西，无价之宝。

主持人：现在越来越多的年轻人热衷于创业，对正在创业的年轻人有哪些忠告？

嘉宾：在我看来，创业是最能体现自身价值的事，这也正是它的魅力所在。但是充满魅力的事情往往也充满了艰难和挑战，很多人畏惧这种挑战，不敢去正面面对，我想说的是，年轻是很大的资本，尽管去面对！尽管去挑战！但是也要谨记一点，不要鲁莽行事，踏踏实实，多做有把握的事情。

主持人：今天真的收获颇多，这样一位充满智慧的企业家为我们分享了实实在在的经验和心得。我们也祝愿李总的事业越做越强，非常感谢李总的做客，本期的精彩就到这里，我们下期再会。

嘉宾：谢谢主持人，谢谢大家。

罗新林

耒阳新春农副产品贸易有限公司董事长,"农副产品网"创始人

　　罗新林,湖南省长沙市人,从事农副行业20多年,具有丰富的从业经验,拥有自己的农场,并通过不断的努力成立了耒阳新春农副产品贸易有限公司,主营农副产品粗加工、收购、批发和零售。公司始终坚持以"绿色无公害,良心食品"为宗旨,深受广大消费者的认可。2014年3月份进入互联网领域,创建"农副产品"垂直搜索平台和"农副产品网"大数据平台,网上平台模式形成。

网站介绍 Website Introduction

　　农副产品网大数据平台是整合包含农、林、牧、副、渔五业产品的互联网渠道,通过数据分析、商业工具等形式来帮助用户实现展示、推广、运营的综合性营销平台。同时农副产品网不仅有效整合了WEB站、WAP站、移动APP、商信、第三方社交平台(微博)、服务网络(微信),还提供了有效的运营分析数据,集行业的产、供、销等供应链以及周边相关行业的企业、产品、商机、咨询类信息,通过第三方社交网络营销推广,利用大数据进行规整和聚合。

APP 介绍 APP Introduction

　　农副产品是国内最权威、最前沿、信息量最丰富的农产品平台。农副产品垂直搜索为用户提供了精准、细化的搜索服务，针对农、林、牧、副、渔五业产品等相关行业进行了精准的品牌词汇定向，并结合移动APP可以提供LBS(基于位置)服务的特色，加强了地域性管理和筛选功能，能够方便用户得到最精准的搜索结果，提供给商家最直接的行业商机，为用户创造更开放的交流平台，方便用户针对平台或行业的交流。

　　农副产品平台致力于为自己的农副产品树立品牌，以优良的品质和实惠的价格打入市场，创造新的辉煌！

《首届中国企业价值传播盛典》访谈内容

——罗新林专访

主持人："探访人物故事，传播价值能量"，各位观众大家好，欢迎收看《首届中国企业价值传播盛典》，大型企业家访谈节目，我是主持人亚平。

本节目是由中国电子商务协会3G发展与应用工程和中国商业电讯共同主办，由新浪等多家权威媒体高度关注和支持。

21世纪是科技引领农业的时代，是信息快速发展的时代，网上销售也已经成为了时代发展的必然趋势，它突破了地域的限制，让整个世界都成为了市场，同时减少了销售时间，节约了销售成本。重要的是网上销售可以塑造起农产品的品牌，网上销售已经成为了新一轮农副产品竞争的领域。农副产品在今后要如何发展呢，今天我们非常荣幸的邀请到了耒阳新春农副产品贸易有限公司董事长，农副产品网创始人罗新林罗总，带我们一起走进农副产品这一行业。罗总您好。

嘉宾：主持人，你好，大家好。

主持人：罗总，您从事农副产品行业多少年了？

嘉宾：差不多20年了。

主持人：我们销售的产品原产地在哪儿呢？

嘉宾：主要在耒阳，我们有自己的农场，也有专业的种子合作社。保证我们的产品都是纯天然无污染的。

主持人：其实农副产品一直都是一个朝阳产业，同时面临的竞争环境也是相当激烈的，那您是怎么去面对现在的格局和环境的呢？

嘉宾：面对激烈的竞争环境，我们首先要有自己的主打产品，其次要有纯天然的品质，才能够战胜对手。

主持人：还是以品质取胜？

嘉宾：以品质取胜，以诚信为本，这是我们经营的道理。

主持人：您一路走过来，这二十多年也很不容易，那是什么让您坚持走到现在呢？

嘉宾：这个说起来，自己也感到很荣幸，在这里，首先，我得感谢我的家人，是我的夫人一直在背后默默的支持着我；其次，我是农村出来的，一个山里的孩子，看到家乡的农民种了这么好的东西，这么好的产品，在那里销不出去。我就萌发这个想法，我一定要把我们的特产带出去，走出我们这个大山，让外面的这些消费者，能够认同我们这些产品，这么多年，这个信念一直在支撑着我往前走。

主持人：其实现在网上有很多关于农副产品这方面的网站，我不知道这个对您自己的实体店有没有一定的冲击和影响？

嘉宾：在目前的情况下，是有很大的冲击，不过后来我认为自己也需要利用一个网站抓住机会，所以去年3月份自己开发了一个网站。当时自己也不知道怎么去操作，最后我朋友给我推荐，他说有一个知名互联网公司，你可以跟他们合作，可以跟他们沟通，这个公司很可靠，它可以帮你开发，所以我就创办了农副产品网。

主持人：农副产品网。

嘉宾：农副产品网，对。

主持人：能不能具体地介绍一下，它有什么特色呢？

嘉宾：注册这个农副产品网，开始有我的想法，第一就是说把全国这些知名的农副产品，全部纳入到我这个农副产品网里面，让消费者，足不出户能够在这个网站里面，找到自己能够放心的产品。第二我们打造这个网站，也就是说能够以绿色食品为主，让消费者吃的放心，买的安心。

主持人：但是您刚才提到一点，您说是足不出户让大家都能够买到自己想吃的农副产品，但是这个是我们大众的平台都能够做到的，因为现在物流比较发达，可能网上的这种销售，也是比较的快速、便捷，您自己的网站有没有什么具体的特色和竞争优势呢？

嘉宾：因为我相信，现在我们的农副产品网已经上线，并且我也组建了自己的团队，来开发这个网站。我相信我们这个团队，会把网站做的很好、很成功，让消费者很容易就找到我的农副产品网，搜索到我们的产品，还有我们的产品有自己的优势。因为有好多产品都是我们公司自己的农场种植出来的，是纯天然、绿色的、无公害的，所以这就是我们的后盾。这个农副产品网我相信会越做越大，甚至走向世界。

主持人：您对于这个网站今后的运营有没有什么具体的规划呢？

嘉宾：首先我们要建立一个优质的团队，选取行业精英，共同完善平台。还要请高级农艺师，进行网站的点评和产品的点评。在这里也希望广大消费者积极提出宝贵的意见，我们会努力改进。

主持人：您对于这个平台未来的发展有没有什么期待呢？

嘉宾：对于这个农副产品网站平台以后的规划，我相信在这一两年的时间里，我们要把农副产品网打造成为国内知名网站。

主持人：对于怎么样去把我们这个平台和我们公司相结合有没有考虑过？

嘉宾：我们现在已经在做规划了，打算把这个新春农副产品和农副产品网对接，线上线下相结合。最后，我打算把公司的价值观也一起纳入到农副产品网里面。

主持人：您觉得做农副产品这方面最需要注意的是什么？

嘉宾：做农副产品这一块的，我们最注意的就是产品的质量，包括产品的价值，能够让消费者，去亲身的感受，让他们看到合格、安全的产品，我们是以真诚的绿色食品做主打，这就是我们企业的价值观。

主持人：您觉得农副产品今后的发展前景如何？

嘉宾：产业发展的前景是越来越好，我相信我们的品牌已经有这么长的历史了，消费者也接受了，未来我们会再接再厉，不断完善自己的产品让消费者吃得更放心。

主持人：您在从事农副产品的时候有没有遇到过哪些困难？

嘉宾：从事这个行业我有一二十年了，困难是肯定有的，这不用说心里也知道，一路走来，有好多朋友在后面默默的支持着我，还有我的家人，他们的付出可能比我还要多。在这些困难面前，我们更要以积极的心态去克服的，才能走向最后的成功，我自己也感到很荣幸，能够为农民服务，把农副产品推出到城市里面，这是我自己应该做的。

主持人：罗总，您一直是做传统的农副产品，对于国家支持的"互联网+"这一政策的响应，有没有想过将农副产品与互联网相结合，更好的将产品推出去？

嘉宾：说到这个互联网国家这么重视，这个社会发展趋势也在不断向互联网转变。因为我们以前是做传统行业的，所以我们将传统行业与互联网结合，跟上时代步伐。国家有这么好的政策，不久前，我也关注到李克强总理提出了"互联网+"行动计划，于是我就下定决心，注册了农副产品网，尝试将实体和互联网结合起来。

主持人：能不能对我们现在刚刚毕业的大学生，或者是正处于迷茫状态的孩子一些忠告和建议呢？

嘉宾：刚刚毕业的大学生，他因为从校园里面走出来的话，他只有一个知识的理念，没有这种实战的经验，我就是奉劝这些年轻人，你们走向社会要有自己的理念，只要有梦想，就大胆的往前去闯。适合做哪一行，只要有这个想法，有这个梦想，就坚持下去，坚持就是一种力量，有这种力量的话，就会有收获，就会有结果，这就是我个人的观点。

主持人：只要你敢去拼，敢去闯，就一定有属于你自由翱翔的天空。

嘉宾：对。

主持人：真的非常感谢您的分享，相信在罗总的带领下，我们的耒阳新春农副产品贸易有限公司，也一定会蒸蒸日上、永攀高峰，取得傲人的成绩，引领农副产品走到最前端。本期的精彩节目就到这里，我们下期节目再会。

嘉宾：谢谢主持人，谢谢大家。

中国企业家财经档案
Chinese Entrepreneurs Finance Archives

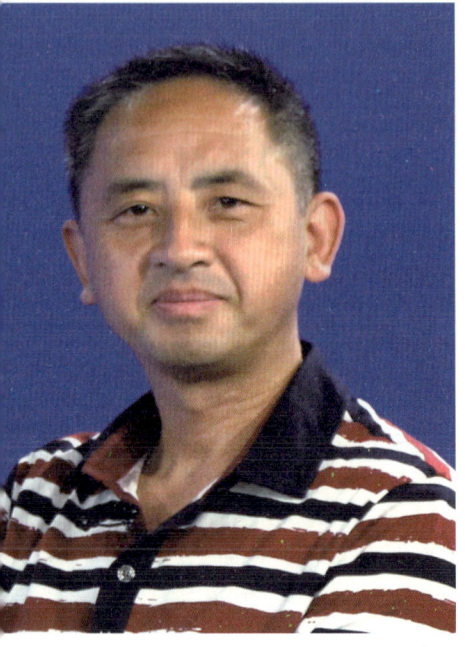

罗兴仁

云南翰林仁泽科技有限公司总经理，矿山机电平台的创始人

罗兴仁，贵州省六盘水市盘县人，于1992年毕业于贵州工业大学，毕业后先后在贵州盘江煤电集团、广东美的集团、瑞士弗兰卡中国公司从事过技术和管理工作。于2007年在云南富源县成立富源县科达矿山机电有限公司，于2012年成立云南翰林仁泽环保工程有限公司，于2014年成立云南翰林仁泽科技有限公司任总经理。

 APP 介绍 APP Introduction

《首届中国企业价值传播盛典》访谈内容
——罗兴仁专访

主持人："探访人物故事，传播价值能量"，各位观众，大家好！欢迎来到《首届中国企业价值传播盛典》大型企业家访谈节目，我是主持人亚平。

本节目是由中国电子商务协会3G发展与应用工程和中国商业电讯共同主办，由新浪等多家权威媒体高度关注和支持。

互联网已然成为目前生活当中不可或缺的一项重要产业，在刚过去的两会会议上，李克强总理在政府工作报告中首次提出"互联网+"行动计划。这无疑就是促进了互联网与各产业的快速融合。那么作为传统行业的经营者，我们究竟应该如何实现与互联网的有效结合呢？今天，我们就邀请到了矿山机电平台的创始人，同时也是云南翰林仁泽科技有限公司总经理罗兴仁罗总为我们作此分享，罗总您好！

嘉宾：大家好！主持人好！

主持人：罗总，您为什么会选择从事矿山机电这个行业？

嘉宾：是这样的，我在大学的时候，所学的专业就是矿山机电，毕业后从事过多年煤矿电设备技术、管理和销售工作，所以对国内矿山机电设备从制造、使用情况、包括新技术的应用和推广等各方面都有所了解。从事这个行业可以说是学以致用吧。

主持人：听您这么一说，我觉得您对于矿山机电这一领域确实是了解的很透彻。那么您又是出于什么原因开始想要将这个行业带入互联网领域的呢？

嘉宾：这还得从我的企业说起。我们企业富源县科达矿山机电有限公司，是于2007年在云南省成立的。其主要经营的就是煤矿机电设备。那时互联网的发展还未普及，对于煤矿这一领域更是一空白。我们日常的推销工作，主要依靠聘请业务人员到各煤矿，挨家挨户上门推销。由于大部分矿山都处于偏远的山沟里，公路条件确实很差，交通非常不便，所以产品推销工作十分辛苦，而且效果还不是很好。

后来，随着互联网的不断发展，许多行业借助于互联网这一平台的发展一跃而起，我当时就在想，在矿山设备这一领域是否也能借助互联网平台进行推广呢？其实答案是肯定的，随着信息化时代日益壮大，要想把矿山设备这一块做大做强，就要尽快的融入到现在的发展环境当中，然而，要想在短时间内将矿山设备行业的信息传播开来，只有互联网能够得以实现。现在，互联网不光是通过电脑，随着智能手机的普及，人们获得信息就更加方便和快捷。因此，我们必须要利用互联网平台来推广我们的产品，发展我们的事业。

主持人： 那么，对于互联网方面，您都做了哪些工作准备呢？

嘉宾： 为了促进企业的发展，获得更多的业务机会。我创建了一个手机客户端：矿山机电。实质上就是希望通过这款产品，能使我们矿山机电行业与互联网更紧密的结合起来，创造更大的商业价值。

主持人： 您的这个平台都有怎样的特色，可否与我们分享一下？

嘉宾： 垂直搜索引擎是针对某一个行业的专业搜索引擎，是搜索引擎的细分和延伸，是对网页库中的某一类专门的信息进行一次整合，定向分字段抽取出需要的数据进行处理后再以某种形式返回给用户。所以，矿山机电垂直搜索引擎提供了精准、细化的搜索服务，针对矿山机电行业进行了精准的品牌词汇定向，并结合移动 App 可以提供 LBS 服务的特色加强了地域性管理和筛选功能，因此使用矿山机电移动垂直搜索引擎能取得更精准的搜索结果。其主要特色可以归类为三大点：1.中文直达。直达各大知名网站、论坛、联盟站点，数据实时更新，中文直达服务让用户搜索一步到位。2.品牌词汇直达网站。商家可以提交自己的搜索词，让客户输入可直达您的网站，增加无限商机。3.站内直达。直达网站内各频道、栏目，站内直达满足用户在网站的全方位服务。

主持人： 由此看来，平台具备的这些特性确实有自己的独到之处，那与同行业其他平台相比，它的竞争优势在哪里？

嘉宾： 相较于同行业，我们这款平台更有前瞻性，更有预见性，内容更丰富、数据更新更快、平台功能更齐全、更完善，同时我也希望通过这个平台，能够拓展公司的业务、扩大公司的知名度，可能正是有了互联网这个新兴行业的助力，我们在未来的发展过程中要比同行业的竞争对手更具备占领市场的先机条件。

主持人： 对于互联网，罗总您是怎么认识和理解的呢？

嘉宾： 我认为，互联网是目前各大行业都想要接轨的新兴科技领域，其覆盖面广没有界限，可以跨世界、跨全球服务；并且，它的传播速度快，鼠标一点立刻传到全世界；同时呢，功能比较齐全，搞宣传推广、招商、网上购物、网上结算等都是相当便利的；其次，就是工作效率高，成本低。互联网如今已经成为社会经济发展的动力。我认为在未来，互联网会融入到生活的方方面面。

主持人： 那么，您在未来计划将实现一个怎样的目标？

嘉宾： 作为一名矿山机电行业的从业者，首先当然是希望自己企业越做越大、越做越

强。但是企业在发展过程中一定不能盲从，更加要脚踏实地。只有努力做好眼前的每一件事，打好坚实的基础，才能有机会获得更好地发展。我未来的目标是吸引全国更多的矿山机电行业客户入驻我们平台当中，最终把我们的平台打造成为国内矿山机电行业的龙头企业。

主持人：创业至今，一路走来，您个人有什么样的心得和感悟？

嘉宾：创业，对于每一个企业家来说都是不易的，可以说是非常的艰辛。当我们看到很多成功人士，往往只看到他们成功的一面，看到了他们耀眼的光环，但可以说每一个成功人士在他们成功之前都有过曲折的经历。我觉得，要创业，首先要善于抓住机遇。其实在我们生活中，每个人都可能遇到过一些机遇，但你是不是都能抓住，或者你能不能发现这是一次机会？另一点就是要持之以恒，脚踏实地的走下去，不能半途而废；再一点就是要养成学习的好习惯，人必须要不断学习，不断的充实自己才能跟上时代的步伐，传统产业必须与新的科技如计算机、互联网接轨，才能更好的发展我们的传统产业。

所以，我认为成功没有捷径，只有通过自己的努力，才能取得丰硕的成果。

主持人：对正在创业的年轻人都有哪些忠告？

嘉宾：算不上忠告，也就是将自己的一些想法与实践分享给目前正在创业和打拼的年轻人。作为一名过来人，我个人认为，在创业当中首先要有恒心、要对事业的发展抱有积极向上的态度，其次，机遇也是非常重要的，要好好把握住生活中的每一次机会，这也许就是通往成功的起点。最后，拿马云之前说过的一句话送给正在拼搏的年轻人，梦想还是要有的，万一实现了呢。

主持人：是的，罗总说的没错，万一实现了呢。在我看来，不管是矿山机电行业还是其他各行业，就目前的市场环境来看，我们不仅需要的是稳步向前，更需要的是创新发展，矿山机电行业与互联网的结合不仅是突破，更是一次全新的改革，在这里我们衷心祝愿罗总的企业能够越办越好，我相信在未来，您的企业一定会蒸蒸日上，勇攀高峰。感谢罗总的无私分享。

本期的精彩节目就到这里，再会！

赖旖昕
美容美肤网站的创始人

赖旖昕,年轻漂亮、事业有成的80后,从事传统矿产行业。借助国家对互联网的大力支持和传统企业转型的东风,公司斥资百万元打造了美容美肤网。

网站介绍 Website Introduction

美容美肤网(www.meirongmeifu.net)是结合了互联网营销平台为爱美人士打造的一款行业门户网站。在美容美肤网中随处可见跟爱美有关的小常识,除了常见的时尚、健康,还有专门针对美容美肤的常识。每个栏目下面也包含所有关于皮肤以及身材的定向搜索,美白派、补水派、祛痘小妙招、毛孔派等直观、专业、全面展示。美容美肤网,在21世纪互联网时代用电商化发展模式为整个行业开拓出新的发展局面,推动整个美容美肤进入电子商务时代,谋求更稳固的发展局面。

《首届中国企业价值传播盛典》访谈内容

——赖旖昕专访

主持人："探访人物故事，传播价值能量"，各位观众，大家好！欢迎来到《首届中国企业价值传播盛典》大型企业家访谈节目，我是主持人石濛。

本节目是由中国电子商务协会 3G 发展与应用工程和中国商业电讯共同主办，由新浪等多家权威媒体高度关注和支持。

主持人：女人的美是自然进化的一种选择，而女人爱美所创造出来的美则是一种独一无二、只属于自己的美。会让自己愉悦，也能将一些美好的东西聚集到自己身边来。今天，我们的节目要来和一位美丽的女人聊一聊关于美的事。欢迎我们的"美容美肤"网站创始人——赖旖昕女士。

嘉宾：大家好！主持人好！

主持人：爱美可以说是女人的天性，从来没想到还能够在节目和大家一起来聊一聊关于美的话题。所以今天我是格外的兴奋。那么赖总既然作为"美容美肤"网站的创始人，这个就相当于一个美容教主了啊。能不能和我们分享一个美容小常识呢？

嘉宾：现在呢，很多女生在化妆时，虽然涂了粉底，变白了，但是整个妆容给人很不真实的感觉，所以呢我建议在涂粉底之前呢可以上一层带高光的妆前乳，这样的话整个皮肤是光泽、透亮、白皙的。

主持人：对，一直以来都有这个困扰。今天算是学到窍门了。那么赖总当上这个创始人肯定不是一时的想法，当初是怎么想到要办一个美容美肤的网站的？

嘉宾：平时我就很喜欢在美容美肤上做投资，身边的朋友也属于离开面膜活不了的。感觉到美容美肤不像以前那样被大家当做额外开销，而是成为生活中不可缺少的行业了，我们这一代人是经历了中国的大变革时代，我们的成长也伴随着整个社会的演变。当然，在这个过程中互联网是不可忽略的行业。所以觉得这是一块很大的市场。

主持人：现实的确如此，可是也可以经营实体店啊。为什么会选择创办网站这种方式呢？

嘉宾：其实我是个 80 后，互联网在现实生活中应用很广泛，在互联网上可以休闲娱乐、办公学习、沟通交流等，更为重要的是在互联网上还可以进行购物，我平时基本上算是足不出户的网购一族，这真的给我们的现实生活带来很大的方便，所以脑海里第一个想到的就是网站的这种形式。而且我相信，随着科技的不断发展，互联网将给我们带来更多的惊喜！

主持人： 互联网确实方便了我们的生活，那我们美容美肤网站上又有哪些便捷的服务呢？

嘉宾： 除了上述我说的这些网购的优点外呢。作为一个爱美的女生我觉得光方便是不够的。我们在美容美肤网上还会有很多很多惊喜的版块。专门为爱美人士打造的网站，爱美之心，人皆有之，美容美肤网以互联网为"媒"，将各种美容护肤知识、心得与广大爱美者连接在一起，在美容美肤网您可以在最短的时间里、用最直接的方式学习到最丰富的美容知识，最正确的化妆技巧，了解最前沿的美容护肤资讯。

主持人： 美容美肤网真的是一个非常有趣的网站，里面有爱美女生想要的资讯。那么赖总在发展初期美容美肤网将面临一个怎样的竞争环境呢？

嘉宾： 美容美肤是竞争非常激烈的行业，自然这些行业的网站竞争也异常激烈，运营相关网站说实话压力山大。初期面临的问题也很多，比如：怎么去做推广更有效？如何进行维护？怎么去提高网站的转化率等等，面对这些竞争与困难，整个团队的状态还是很好的，大家群策群力，通力合作，共度难关。

主持人： 一个网站的成功，离不开好的运营模式，那么能请赖总跟我们详细谈一谈您后期将如何运营美容美肤网站吗？

嘉宾： 一个网站的发展并不是一蹴而就，而是需要经历许多不同的阶段，美容美肤网站想要发展，需要进行数据的跟踪，特别是在中后期，从细微的数据就可以看出网站给用户带来的各种影响，从而实现网站运营的持久性；又譬如，如何充分发挥用户的力量来塑造网站的口碑？一个网站的后期发展，要想获得更多流量，获得更多用户的访问和认可，需要让他们从心理上认可你的网站，利用消费心理塑造网站的口碑营造，利用推广对象的口碑传播加速网站的推广，达到更广泛和更深入的营销效果，未来美容美肤网的路途还是任重而道远。

主持人： 赖总对于美容美肤网站的未来有什么期待吗？

嘉宾： 在未来，互联网对于我们生活的影响会越来越深远，我希望美容美肤网，为广大爱美用户提供便利，让更多的消费者使用我们的网络平台。美容美肤网也会继续努力，将这种服务好客户的决心付诸于实际行动，分享最好美容美肤方法经验、引领最in的美容美肤时尚潮流、不断传扬卓越的企业文化！

主持人： 赖总在节目的最后，您能跟我们分享一下，您一路走来，最大的收获是什么？

嘉宾： 人生是一条路，一端是理想，一端是成功，一路走来，收获颇多，若真要说起收获，我想说，我收获的是人格上的历练。

主持人： 很多女生很爱美，但有一个女生不仅想要自己变得美美的，也希望更多的女生能够更加方便，更加有质量地变美。谢谢我们的赖总，谢谢你的做客。

嘉宾： 我也希望自己的努力能够让大家更美起来，谢谢！

黎兆焜

佛山市鲲鹏兆丰网络科技有限公司董事长
智能电视垂直搜索创始人

　　黎兆焜，男，1965年出生于广东省佛山市一个农民家庭，1986年大专毕业，从事会计工作，2003年出来创业，做五金贸易，2012年接触移动互联网行业，重点打造智能电视这个移动网络平台，开始新的尝试、编织新的梦想。

　　智能电视行业是新行业，是传统思维的突破和创新，在营销方面主要采用移动网络平台这种投资小、影响力大的方法，帮助企业更快的做大做强。智能电视这种新兴的行业，如果还是走传统营销模式，势必会扼杀这个行业的勃勃生机，而借助移动互联网平台的影响力、推广力，可以实现线上线下的优势互补，以低成本高效率增强企业的生命力、竞争力。

《首届中国企业价值传播盛典》采访内容

——黎兆焜专访

主持人： "探访人物故事，传播价值能量"，各位观众，大家好！欢迎来到《首届中国企业价值传播盛典》大型企业家访谈节目，我是主持人亚平。

本节目是由中国电子商务协会3G发展与应用工程和中国商业电讯共同主办，由新浪等多家权威媒体高度关注和支持。

智能电视发展至今，从概念级别逐步落地生根，走进消费者的日常生活，市场需求日渐增大、不断升温。进入21世纪伴随着科技的不断进步，互联网普及，众多企业都纷纷将传统行业与移动互联相结合，早日占领市场，以便在日后的竞争中占据优势。进入互联网时代，智能电视行业原有的产业发展规则与模式正在被颠覆。智能电视行业未来将如何发展，企业该如何进行模式创新？就这些问题我们邀请到今天的节目嘉宾佛山市鲲鹏兆丰网络科技有限公司黎兆焜，让他带领我们在访谈中找寻答案。欢迎您，黎总！

嘉宾： 大家好！主持人好！我是佛山市鲲鹏兆丰网络科技有限公司黎兆焜。

主持人： 黎总，您一直在互联网行业打拼吗？

嘉宾： 我其实是从事传统五金贸易行业的。

主持人： 传统五金贸易行业，如今您又转型互联网行业，您跟我们谈一谈是什么契机让您接触这个行业的？

嘉宾： 到了2011年，五金行业竞争激烈，利润微薄，拓展市场困难，营销成本高，投入大回报低，公司就是需要从这样的瓶颈突围而出。

于是有了另谋出路的想法。2012年参与了有关互联网的会议，觉得移动互联网是未来的发展方向，于是接触到这个行业。并经过三年努力，成立了佛山市鲲鹏兆丰网络科技有限公司。开始带领公司着力打造移动互联网平台，特别是打造智能电视移动网络行业平台，希望帮助中小型企业快速发展。

主持人： 网络媒体让人眼花缭乱，您为什么会着力打造智能电视移动网络行业呢？

嘉宾： 智能电视行业是新行业，前景非常美好，如果还是走传统营销模式，势必会扼杀这个行业的勃勃生机，而借助移动互联网平台的影响力、推广力，实现线上线下的优势互补，以低成本高效率增强企业的生命

力、竞争力。智能电视移动网络行业是传统思维的突破和创新，在营销方面更采用移动网络平台这种投资小、影响力大的手段，助企业更快做大做强。

主持人：整个智能电视行业都在探讨互联网转型的有效路径，您怎么看待这一现象？

嘉宾：互联网是个趋势，加速传统行业转型，这也包涵智能电视行业，所有的企业如果想生存发展，我觉得都要互联网化，互联网是一种新的经济形态，将互联网的创新成果深度融合于经济社会各领域之中，提升实体经济的创新力和生产力，形成更广泛的以互联网为基础设施和实现工具的经济发展新形态。互联网改变着我们的生产、工作、生活方式，并给当今中国经济社会的发展带来无限机遇。

主持人：整个互联网战略转型的大背景下，小米、乐视等企业纷纷进军"互联网+"智能电视领域，一时间整个市场形成了相对混乱的发展格局，如何看待目前出现的这一局面？

嘉宾：2014年是智能电视全面普及的一年，也是不平凡的一年，尤其是随着联想、乐视、小米等等互联网企业的加入，带来了全新的智能产品以及营销理念，使得传统的企业也经历着剧烈的冲击。面对大环境，我们不能武断地判断整个产业的发展格局，无论是智能电视行业还是互联网行业，创新的方向与依据只能是用户需求，这也是衡量市场发展格局的唯一标准。所以说，无论整个行业表面看起来如何纷繁复杂，我们更应该深入产业发展的本质去看企业，考量企业到底为用户带来了什么增值福利。

主持人：像您说的用户体验才是竞争王道，可现在智能电视市场产品趋于同质化，黎总您是如何看待？

嘉宾：智能电视产品的同质化已经是共识了，基本都是4K或者超窄边框，硬件的区别很小。我觉得未来智能电视行业会更好地做产品的体验，为用户带来更好的产品。

主持人：据我所知，贵公司主要业务是推出智能电视行业网站，所以请您谈谈，与同类其他相比，您后期将如何运营这个网络平台？

嘉宾：我们智能电视网络平台是中国大型智能电视论坛，最新最快的智能电视行业资讯和最全面深入的原创评测内容，尽在智能电视网络平台，为智能电视/网络机顶盒用户、开发者及生产厂商提供实时的交流平台。

未来需要做几件事以获得更大的发展潜力：

一是优化平台的结构，以方便对浏览页面的数据进行时时掌控从而提供更符合网民需求的一手资讯，获得更多的流量入口和广泛的客户基础；

二是加大网站的运营工作，做区域拓展，通过推广优化来完善网站的漏洞来提升用户体验；

三是加大宣传力度创品牌，赢得消费者的青睐。

主持人：近几年智能电视网络行业发展迅猛，在您看来这个行业未来发展会是怎么样的？

嘉宾：互联网行业，有两个大方向可供选择。

一是当前最成熟、发展最快的移动互联网，甚至是手游领域；

二是下一代将要大发展的新事物，比如智能家居、穿戴设备、车联网、智能电视……我选择了智能电视这片蓝海，有之前在传统行业经验积累的原因，更重要的是，这是一个足够大的蓝海。

在我看来未来真正的互联网力量，不是创造一个新产业，而是改变很多旧产业。如同手机从功能机到智能机一样，电视也要经历一次转型，成为真正的电视，得到全新的发展。

主持人：创业历程有哪些难忘的人生经历，能跟我们分享一下吗？

嘉宾：创业之路，太多艰辛，1965年我出生在广东省佛山市一个普通农民家庭，1986年大专毕业，从事会计工作，2003年出来创业，做五金贸易，五金行业拓展市场困难，营销成本高，投入大回报低，人生经历起起伏伏，2012年我开始接触移动互联网行业，并很看好，决定再次下海，开始重点打造智能电视这个移动网络平台，开始新的尝试、编织新的梦想。

主持人：陪着公司一路走来，个人有什么样的感悟和领悟？

嘉宾：这一路走来，我认为敢干、实干、睿智，拼搏向上才能勇敢追逐着自己的梦想！

主持人：非常感谢黎总做客我们的节目，跟我们分享了这么多精彩的内容，让我们对于智能电视行业有了新的认识，携手互联网，共创智能电视网络平台璀璨明天，今天节目就到这里，谢谢大家！

嘉宾：谢谢主持人，谢谢大家！

马福良

嵊州市帅佳电机科技有限公司董事长，风扇电机垂直搜索创始人

马福良，1967年出生，浙江省嵊州市人，机械铸造专家。自1988年毕业后从事过机械铸造新产品的开发工作和模具行业。经过自己的不断努力，于1999年创办了嵊州市帅佳电机科技有限公司并担任董事长。2004年开始接触互联网，并在阿里巴巴建立一个B2B平台。2008年开始对进入互联网做准备。2015年和互联网公司合作"风扇电机"垂直搜索平台进入大众的视野。

APP 介绍 APP Introduction

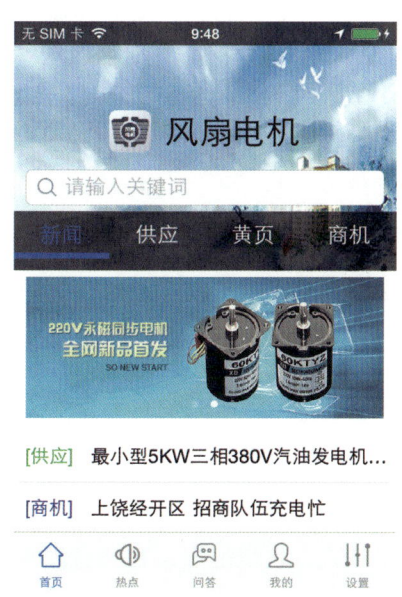

《首届中国企业价值传播盛典》采访内容

——马福良专访

主持人："探访人物故事，传播价值能量"，各位观众大家好，欢迎收看《首届中国企业价值传播盛典》大型企业家访谈节目，我是主持人亚平。

本节目是由中国电子商务协会 3G 发展与应用工程和中国商业电讯共同主办，由新浪等多家权威媒体高度关注和支持。

电机行业作为传统行业，经过了两百多年的洗礼，取得了前所未有的成就，但现如今面对生产现代化程度的日渐提升，技术的进步，以及产品本身的快速更新，导致市场对于电机的需求空间逐步加大。那么在这个"互联网+"的时代，电机行业在互联网模式下，将会有如何的发展呢，欢迎我们本期的节目嘉宾，嵊州市帅佳电机科技有限公司总经理马福良，带领我们在节目中寻找答案。马总，您好。

嘉宾： 主持人好，大家好。

主持人： 马总，您是什么时候开始接触电机行业的呢？

嘉宾： 刚刚高中毕业的时候。

主持人： 高中毕业的时候。

嘉宾： 是的，85 年的时候我高中毕业，那个时候是我们乡镇企业大发展的时候。因为没考上大学，当时我们那里比较有名的乡镇企业绍兴市威特电机厂在招工，我们就去报名了。那个时候不像现在，随便就能招到大学生，当时企业里面用人紧缺，就在我们高中毕业的那班人中挑了 20 多个人招进去了。

主持人： 20 多个人。

嘉宾： 20 多个人，就送到了全国各地的大专学校去培训，这样子就进入了电机行业。

主持人： 那您是什么时候创建了自己的公司？

嘉宾： 1999 年的时候，到现在有 17 年了。

主持人： 17 年了，那一定具有很大的规模了。现在企业主要经营什么产品呢？

嘉宾： 现在主要是生产家用电器，在这之中以风扇为主。

主持人： 哪种类型的风扇呢？

嘉宾： 比如油烟机、洗衣机、脱水机等等，这些都需要用到风扇。

主持人： 也就是说，它的覆盖面其实还

挺广的。

嘉宾：覆盖面很大很大。

主持人：您觉得它未来的发展前景怎么样？

嘉宾：前景绝对非常好，因为工业、农业、医疗设备、电脑、汽车、航空等等，这些行业都需要用到电机，它的运用面非常广，是一个朝阳的产业。

主持人：而且我们在很多的家用电器，或者是说我们的机械电器上都能够用得到，那您觉得我们现在这个电机行业，它本身有没有存在一些问题，或者它有没有遇到一些机遇和挑战？

嘉宾：中国的电机行业起步比较晚，技术要求比较高，还没有达到机械化生产的方式，现在大多还得靠人力支撑。而且平时我们还得去跑市场、跑单位，依靠我们人员的关系，进行深入的挖掘，有单子，有业务，企业才会发展。

主持人：您自身有没有想过要怎么突破这样的瓶颈？

嘉宾：是要突破这个瓶颈，所以我们实体企业现在都要同互联网相结合。

主持人：您是怎么与互联网相结合的呢？

嘉宾：我与一家知名互联网公司进行合作，创建了一款APP，叫做风扇电机垂直搜索。

主持人：风扇电机垂直搜索，能具体的聊一下这个平台吗？

嘉宾：风扇电机垂直搜索，就是现在给我们提供了一个比较精准的细化的搜索服务。

主持人：精准细化的搜索服务。

嘉宾：它是针对风扇电机这个行业的，可以达到精准的搜索定向，并且还有我们移动APP的客户端，它是加强了地域性的管理和筛选的功能，因此我们使用这个风扇电机，利用这个移动垂直搜索这个功能之后，它可以得到一个更精确的搜索结果。

主持人：对于这个平台未来的发展，自己有没有什么规划，或者是期待呢？

嘉宾：我希望这个平台在我们电机行业中，做到一个领军的位置。

主持人：领军的位置。未来的三到五年，您有没有什么具体的计划能跟我们稍微的透露一下？

嘉宾：因为现在这个平台，做起来还是比较单一的。

主持人：单一。

嘉宾：还是比较单一的，我希望在不断完善这个平台的同时，加大宣传推广力度。在三到五年之中，我希望垄断我们风扇电机这个市场。

主持人：马总，您看您从高中毕业之后，就一直开始投身到我们这个电机行业了，也算这个行业的资深专家了，能不能跟我们分享几个经典案例？

嘉宾：开始的时候是比较原始的一种生产方式，但是前几年，都改成了比较先进的，自动化的生产模式，这为我们省了不少人力物力。现在我们想利用"互联网+",把这个行业进一步做强做大。

主持人： 您这一路走来有没有什么具体的感悟能跟我们分享一下呢？

嘉宾： 具体的感悟，我们是办实体的企业，我在想第一，我们做人就是要讲诚信，诚信很重要。第二，我们做企业要有一种敬业的精神。第三，是要有一种发展的眼光去做企业。

主持人： 就是一定要有诚信，而且用发展的眼光看待世界。

嘉宾： 是的。

主持人： 而且还要敬业，再加上不断的学习，不断的创新。

嘉宾： 是的。

主持人： 那您能不能跟我们具体的聊一下，您对于"互联网+"的看法？

嘉宾： "互联网+"现在是我们整个社会比较受追捧的一个热词。这几年互联网已经成为我们生活和工作中的，一种很重要的工具，互联网已经成为万世万物的一种连接工具，很多东西的实现都少不了它。

主持人： 已经跟我们的生活融为一体了。

嘉宾： 所以我们这个企业就是要同"互联网+"联系在一起，那是一种发展的趋势，我们企业要想发展，就要与时俱进，包括我这款风扇电机垂直搜索，也是这个时代的产物。我很看好互联网这个行业，前景十分广阔。

主持人： 其实只要用了一个发展的眼光去看待这个世界，我们所有的事物都可以再上一个层次。

嘉宾： 是的。

主持人： 能不能给我们正在创业的年轻人一些建议呢？

嘉宾： 创业的年轻人，要创业，首先要有对自己的定位，对要进入的行业有深入的认识。第二，你要去创业，就要学会坚持，因为创业过程中，总是会遇到各种各样的困难。第三，一定要有创新的精神。第四，学会感恩，要永远记得跟自己一起拼搏的人。

主持人： 一定是要把自己的爱心放在第一位，非常感谢马总的无私分享，其实马总乐观和丰富的创业经验，以及独到的目光见解，都非常值得我们去学习，最后我们也祝愿马总的企业能够越做越好。本期的精彩节目就到这里，我们下期节目再会。

嘉宾： 谢谢主持人，谢谢大家。

马文忠
苏州家具垂直搜索平台、明清古典家具垂直搜索平台创始人

马文忠，1968年出生在江苏常熟市，民营企业家，现任江苏省常熟市名新红木家具有限公司负责人，红木行业专家。从1984年开始创业，通过自身不懈的努力和对红木家具事业的执着追求，经过近30年的艰苦奋斗、不断钻研开发和完善红木家具。同时在企业上的产能建设和强化管理等方面不断的更新改善、使产品不断的精益求精。凭着诚信立业经营的理念，成功地带领了一个红木家具作坊小厂发展成为今天在红木家具行业领域中颇具规模的知名企业，在推动和带领红木家具行业发展方面起到了主导作用。

《首届中国企业价值传播盛典》访谈内容

——马文忠专访

主持人： "探访人物故事，传播价值能量"，各位观众，大家好！欢迎来到《首届中国企业价值传播盛典》大型企业家访谈节目，我是主持人亚平。

本节目是由中国电子商务协会3G发展与应用工程和中国商业电讯共同主办，由新浪等多家权威媒体高度关注和支持。

随着生活水平不断提高，大家对于家具的选择也越来越多样化，红木家具这些年备受人们所关注，那么它的文化内涵，又有多少人知道呢？今天就让我们一同走进红木家具的世界，去感受一下它别样的风情。欢迎本期的做客嘉宾苏州家具创建人马文忠马总，光临节目现场。马总，您好！

嘉宾： 大家好！主持人好！

主持人： 马总，据我了解，您个人接触红木家具也有30年的时间了，在您看来，红木家具的真正价值体现在哪儿？

嘉宾： 这要综合几个方面，首先是它具有文化价值，红木家具受到全世界的追捧，这是对我们工艺的认可，这种工艺是其他任何国家所没有的，比如说它的对接结构。其次，资源稀缺性，这十年来由于市场需求的增大，红木家具用的材料资源周期比较长，我们按一般的酸枝木来说，它生长的年龄也不低于300年。在资源周期这么长的情况下，市场需求逐渐增大的前提下，造就了它的升值。我们很多的消费者在三年前、十年前购买红木家具的时候也能够看出来，现在它的价值和原来相比是怎样的一个幅度。第三方面，投资的理念逐渐在升温的基础上，大家对红木家具的追求逐渐增大，造成了它的价值升高。最后，生产高端的红木家具的工艺性，就目前而言，企业规模在增大，但好的工人不可能发展的跟企业这么快，所以工人的工价也在不断上涨。

主持人： 无论从文化、工艺、材质、升值空间来说红木家具都极具收藏价值。对于这样的一个家具行业，您认为它的市场环境以及市场前景如何？

嘉宾： 随着复古风的盛行，除了年纪较大的成功人士喜爱红木家具外，一些热爱传统文化有一定经济实力的年轻人也对此表现出浓厚兴趣，一些融合古典设计与现代风格的红木家具渐入人们的视线。

家具市场的成熟，家具企业各地产业兴

起。都充分体现了红木家具的市场氛围。同时，也伴随着家庭生活与居住条件的改善。人们对家具的质量、档次、款式要求越来越高，所以家具行业的未来发展空间还是相当可观的。

主持人：这一个成熟的市场环境下，那您觉得在同行业之间面临一个怎样的竞争格局？

嘉宾：我认为"研发"还是得摆在企业核心竞争力的第一位。同时，家具的质量、保障、信誉、销售渠道等也是不可或缺的重要因素。就我们这个行业来说，一般红木家具大都是定制的，不同的客户，其需求也各有不一。可以体现在档次、款式、颜色等多方面。那么如何有效的将红木家具行业让更多人熟知，并喜爱上。我想，就现在网络的发展速度来看，互联网的优势以及便利都能帮助我们进行快速的推广传播。

主持人：既然马总刚才提到了互联网，不知道您对于互联网的兴起又是如何看待的？

嘉宾：互联网的兴起，对于我们传统行业来说确实是一次重大变革。从产品销售、产品推广等等许多方面都形成了或多或少的改变。同时呢，国家对于互联网的支持，也影响着众多行业的发展方向。就今年两会来说，李克强总理首次在政府工作报告中写入了"互联网＋"行动计划，提出推动移动互联网、云计算、大数据、物联网等与现代制造业结合，同时，在总理的记者会上，还明

确表示十分支持网购，认为电商的发展会加快社会产能的释放，并且对实体经济的发展并无坏处，甚至实体店可以利用网站发展得更好。这也是我们传统行业一定要与互联网相结合的重要原因之一。

主持人：那么，您认为如何才能更好的将网络与实体相结合呢？

嘉宾：我认为，未来真正崛起的不只是互联网，更重要的是传统行业与互联网的结合，互联网对传统行业的改变，如何改变正是我们需要思考的问题。

互联网最有价值的不是自己在产生很多新东西，而是对已有行业的潜力再次挖掘，用互联网的思维去重新提升传统行业。所以我创建了苏州家具这样一个平台。

主持人：您的这款平台产品主要是做什么的？

嘉宾：企业招商、信息发布、在线互动、用户留言、信息分享、用户反馈。

主持人：从网络方面来看，您认为您的平台与竞争对手相比较其优势在于哪里？

嘉宾：苏州家具垂直搜索引擎提供了精准、细化的搜索服务，针对苏州家具行业进行了精准的品牌词汇定向，并结合移动APP可以提供定位服务的特色加强了地域性管理和筛选功能，因此使用苏州家具移动垂直搜索引擎能取得更精准的搜索结果。其主要特色可以归结为三大点：1. 中文直达。直达各大知名网站、论坛、联盟站点，数据实时更新，中文直达服务让用户搜索一步到位。

2.品牌词汇直达网站。商家可以提交自己的搜索词,让客户输入可直达您的网站,增加无限商机。3.站内直达。直达网站内各频道、栏目,站内直达满足用户在网站的全方位服务。

主持人: 在平台的经营发展方面,您是如何规划的?

嘉宾: 先将苏州家具平台推广出去,让更多的人了解并关注,提高平台的下载量,待推广有一定的进展后,招一些商家与我平台进行合作,扩大平台的宣传效果。

主持人: 在一个行业做的越久,所形成的理念、看法也就越趋向成熟、固化,前进也就显的越困难,您是怎样解决该问题的?

嘉宾: 在互联网时代,电子商务营销模式紧跟市场、抓住机遇、在移动互联网平台上,创新发展。互联网是一个新兴的产业,它给我们的生活带来了翻天覆地的变化。面对这样的局势,我们不应消极等待,而是要积极参与、及时介入到互联网中,利用互联网得天独厚的优势更好地为企业实体乃至整个行业起到很。

主持人: 那么马总,对于苏州家具平台的未来,您又有怎样的愿景期待?

嘉宾: 作为一名红木家具行业的经营者,首先当然是希望我的平台能越做越大、越做越强,同时,我更希望通过与互联网的有效结合,能为更多的客户提供优质、新型的红木家具产品,与更多的商家进行合作。最终将我们生产的红木家具推向更加广阔的市场环境当中。

主持人: 随着居住条件的不断改善,人们对品质生活要求越来越高,兼具使用、欣赏、收藏和增值的古典家具成为越来越多家庭的新宠。非常感谢马总今天的分享,在这里,我们也祝愿马总的红木生意能越做越大,为市场增添更多精美的红木家具。

本期的精彩就到这里,我们下期再会!

嘉宾: 谢谢主持人,谢谢大家!

钱久林
机床设备垂直搜索引擎、环球机械网创始人

钱久林，机械行业专家。1990年入职于无锡市国营农机厂，1997年下海经商，在浙江省温岭市创办机械配件加工厂，至今已有19年。工厂主要经营机械配件对外加工、数控车床、铣床、钻床、磨床、线切割等设备对外加工。经过长期观察、研究互联网行业趋势，2012年底开发了环球机械网，2014年创办了机床设备移动垂直搜索。

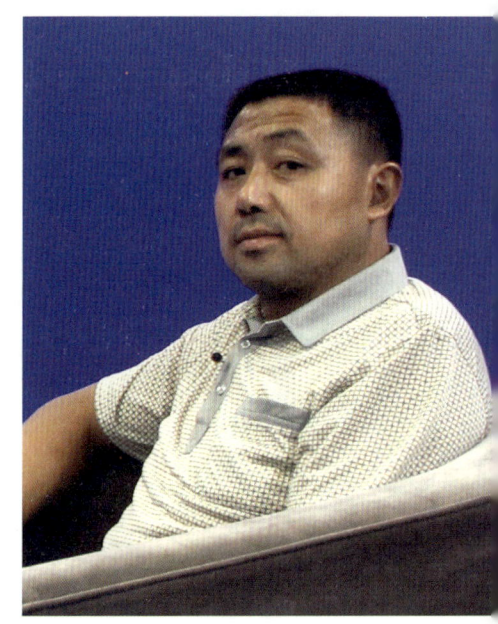

网站介绍 Website Introduction

　　环球机械网（www.91jxw.net）是机械行业顶尖传媒网站，致力于搭建让世界了解中国机械、让中国机械走向世界的平台。专业提供工业机械，服务机械，特种机械和机械相关配件等信息，面向机械应用的设计、采购、维护用户以及学习者，提供机械厂商、产品、技术、应用、新闻、在线采购、技术支持和专业培训等全方位资讯与互动服务。是机械行业信息化合作与交易的重要平台。环球机械网及时报道行业的最新资讯及供求信息，展示行业先进技术，对技术难点进行专题解读。同时邀请业内知名专家入驻人物访谈名人堂解答技术疑问，为机械厂家、从业人员和爱好者提供一个相互学习交流的网络平台。

APP 介绍 APP Introduction

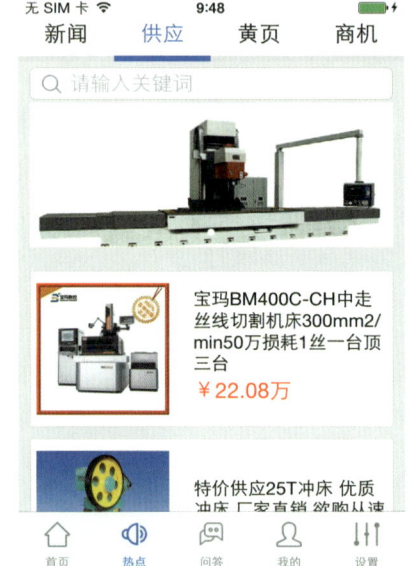

《首届中国企业价值传播盛典》访谈内容

——钱久林专访

主持人： "探访人物故事，传播价值能量"，各位观众，大家好！欢迎来到《首届中国企业价值传播盛典》大型企业家访谈节目，我是主持人亚平。

本节目是由中国电子商务协会3G发展与应用工程和中国商业电讯共同主办，由新浪等多家权威媒体高度关注和支持。

互联网已经成为我们生活当中不可或缺的一部分，在刚过去的两会会议上，李克强总理在政府工作报告中首次提出"互联网+"行动计划。这无疑就是促进了互联网与各产业的快速融合。作为步入互联网的先驱者，我们今天非常荣幸的邀请到机床设备平台的创建人钱久林钱总为我们作此分享。钱总，您好！

嘉宾： 大家好！主持人好！

主持人： 您当初是如何开始接触到机床设备这个行业的？

嘉宾： 首先，机床设备行业它与我们的工作、以及生活都息息相关，保持着密不可分的一些联系。其次，我个人一直以来就是从事机械加工这个行业，包括机修（加工机床零部件）机械产品，模具等等。所以说，与机床设备行业接触，也是由工作当中，自然而然的形成。

主持人： 您是如何看待机床行业它的发展趋势？

嘉宾： 我觉得，好的机床就是能生产高精度的产品，比如线切割，中走丝，再发展到慢走丝。现在当今正处在高科技发展的时代，用人荒，工人工资高，所以数控发展，一人多机，所以全世界都在开发高精度的机床，一块料放进去，出来就是成品了。好的机床设备是国力的象征，要做到，我有你无，你有我优。这样才能走出国门。

主持人： 对于机床设备企业面临"危"、"机"并存的严峻局面，您怎么看待这种局面？

嘉宾： 随着科技的不断发展，越来越多落后的设备面临着被淘汰的危险，为了不被市场所淘汰，作为机床设备行业，我们更应该紧跟科技发展的速度，随时更新高效、高密度的机床设备，促进企业发展，就目前来看，市场上已经开发出了机器人、机械手这样的科技新品，如果产品可行，我们也会让企业保持最前端的生产工具。

主持人：机床设备现在的主要生产产品有哪些？服务的客户群是哪类群体？

嘉宾：我们生产的产品，主要是机器的零部件，包括各种配件、模具、夹具等等。产品的应用层面，甚至可以说是渗透到千家万户，因为这些零部件的应用范围非常广泛，每家每户都离不开机床设备生产出的产品。

主持人：那么您认为，现在机床设备产品都有哪些重要性的突破？

嘉宾：在我看来，想要在产品技术功能方面做出突破，首先要认清市场的发展趋势。就这个行业来说，未来的趋势大致会遵从以下三点：

第一，节能环保。无论是从减轻环境负担，还是打破对外贸易壁垒等方面考虑，节能环保之路都将成为主流趋势。随着人们对于生活环境越来越重视，节能环保将成为主要的发展方向。

第二，智能化。随着科学技术的发展，智能化将逐渐成为机床设备发展的主流趋势，不仅可有效提高工作效率，还可大幅度降低生产成本。

第三，信息化。互联网的时代特征就是自由度极高的信息共享，我们作为相对传统的机床设备行业，更应该充分利用当下信息交流的便利，不断学习完善。

主持人：现在，越来越多的同行业产品在抢夺市场份额，竞争压力肯定是有的，您认为在这样的竞争环境下，您的产品优势又在哪里呢？会如何应对？

嘉宾：我的产品优势是质量永远是第一，始终要做到，你无我有，你有我优。

主持人：现在是网络高速发展的时代您为什么会使用电子商务呢？选择的理由？

嘉宾：梁启超先生说过：变者，天下之公理也。引申到当下可以这么理解：一个不懂的求变的企业，是无法在竞争激烈的市场中长久存活的。互联网衍生出的电子商务改变了时代，那么我们就应该根据这种趋势做出改变。

主持人：对于互联网方面，您都做了哪些准备工作？

嘉宾：在互联网方面，我也希望从行业本身带入，将我所熟悉的机床设备等行业，与互联网紧密结合起来，真正意义上的实现"互联网+"这个概念，所以，我创建了浙江机械门户、环球机械网、机床设备这些平台。

主持人：您能跟我们分享一下机床设备垂直搜索引擎平台吗？

嘉宾：机床设备垂直搜索引擎提供了精准、细化的搜索服务，针对机床设备行业进行了精准的品牌词汇定向，并结合移动APP可以提供定位服务的特色加强了地域性管理和筛选功能，因此使用机床设备移动垂直搜索引擎能取得更精准的搜索结果。其主要特色可以归类为三大点：1.中文直达。直达各大知名网站、论坛、联盟站点，数据实时更新，中文直达服务让用户搜索一步到位。2.品牌词汇直达网站。商家可以提交自己的

搜索词，让客户输入可直达您的网站，增加无限商机。

主持人：未来三到五年内有什么样的发展计划？方便的话，能否透露一二。

嘉宾：互联网是一个瞬息万变的行业，我们会把握当下，不断充实完善自身，积极研究新的技术和方法，紧跟市场发展的步伐，争取在三到五年之内，将我们的机床设备平台发展起来，在行业内有一定的地位，也有一定的忠实用户。

主持人：您怎么看待目前的机床设备行业以及将来的发展？

嘉宾：未来是个充满挑战的时代，任何时候我们都不可以掉以轻心，根据生活环境的改变而不断深造，这不仅仅是对于机床行业来说，其实，做人亦是如此，只有不断地充实自己，才能更好地前行和发展。

主持人：节目最后，能否跟我们谈一谈你的创业感悟？

嘉宾：我认为创业是最能体现自身价值的事情。一路走来，通过自己的努力和汗水，取得今天的成果，自身的满足感是不言而喻的。人活一辈子，如果不做点让自己自豪的事情，岂不是虚度光阴？也希望现在的年轻人，都能去闯一闯，成败不重要，重要的是奋斗的过程。

主持人：是的，在我看来，互联网改变的不仅仅是个人、群体，而是时代的发展进程。在互联网的影响下，无论是机床设备行业还是其他各行业，都需要稳步向前，都需要创新发展，机床设备行业与互联网的结合不仅是突破，更是一次全新的改革，在这里我们衷心祝愿钱总能够带领机床设备行业突出重围，更加勇攀高峰。非常感谢钱总的精彩分享。那么，本期的节目就到这里，我们下期再会！

嘉宾：谢谢主持人，谢谢大家！

孙长臣

吉林省富田园景绿化有限公司董事长，绿化网创始人

　　1988 年，孙长臣从山东老家来到吉林，开启了创业之路，经过十几年的打拼，在 2005 年，成立了第一个公司——吉林省金山建筑工程有限公司。随后在 2006 年、2010 年分别成立吉林省富田园景绿化有限公司和吉林省富运装饰工程有限公司。最近几年伴随着互联网的发展，孙长臣看到了互联网的优势和发展前景开始投身互联网领域，创建了中国绿化 APP。

　　中国绿化 APP 内涵盖丰富的绿化产品，用户可以随时随地登入中国绿化平台，了解到绿化行业的各种产品信息，从中国绿化 APP 上寻找商机，使企业能够获取更多工程信息和营销订单。中国绿化平台及时更新发布绿化行业的最新资讯活动和行业动态等信息，消费者也可以通过消息、评论、分享等方式与商家进行互动，加强商户与消费者的联系，拉近企业与个人用户的距离。同时也能督促每个做绿化行业的人，要踏踏实实做好这个产业，做出精品，做出诚信，为客户提供优质的产品和后续服务。

《首届中国企业价值传播盛典》采访内容

——孙长臣专访

主持人： "探访人物故事，传播价值能量"，各位观众大家好，欢迎收看《首届中国企业价值传播盛典》大型企业家访谈节目，我是主持人亚平。

本节目是由中国电子商务协会3G发展与应用工程和中国商业电讯共同主办，由新浪等多家权威媒体高度关注和支持。

随着人们生活水平的不断提高，大家对生活质量生存环境的关注日益增强，环保意识不断的深入人心，创建园林城市、宜居城市的理念，正在被越来越多的人所接纳。今天我们有幸的请到了从事园林绿化行业多年的吉林省富田园景绿化有限公司董事长，绿化网创始人孙长臣孙总，和我们一起讨论一下园景绿化行业今后的发展。孙总，您好。

嘉宾： 主持人好，大家好。

主持人： 孙总，据我所了解，您是一位非常优秀的企业家，带领着团队获得了非常多的荣誉，我在今天跟您聊天的时候听到您说，其实您是闯关东的那一辈人是吗？

嘉宾： ：是的。

主持人： 我特别想听这个故事，您能不能跟我讲一下呢？

嘉宾： 那是1988年，咱们中国改革开放的初期，有很多的农村年轻人，不满足于在农村这个现状，再说那个时候农村也的确很穷。所以这些年轻人就陆陆续续，出去上城里打工，到了冬天再回家过个年，过了年又组织第二年外出。

主持人： 常年在外边打工漂泊着。

嘉宾： 常年在外边。

主持人： 您当时做的什么工作呢？

嘉宾： 我做的是建筑行业。

主持人： 是一直都在做建筑行业吗？

嘉宾： 我1988年刚来到东北，在吉林省第二建筑公司工地当力工。

主持人： 您为什么又选择做绿化行业了呢？

嘉宾： 建筑行业和绿化行业，它们实质是相关相连的，大楼盖完了以后需要绿化。

主持人： 对。

嘉宾： 就是马路两边，小区内外，都需要树、花、草，这些是必不可少的。

主持人： 您自己喜欢种花花草草吗？

嘉宾： 我也喜欢，在1988年以前我也是一个地地道道的农民的儿子，在农村种过地，感觉跑到城市来种点花花草草，好像都大同小异的，差不了多少。

主持人：是什么原因让您把园林绿化行业跟互联网相结合了呢？

嘉宾：这个我本身就是做传统的绿化行业的，但是跟互联网联系上，它是一个偶然的机会，吉林省召开一个网络会议。

主持人：网络大会？

嘉宾：在这个网络大会上，它有十几个平台和门户，给这些企业家们，就是传播这个事情。我参加会议的时候看到有中国绿化产业平台，它跟我的绿化公司能够互相搭配。那个时间压根就没想通过它赚多少钱，就在想反正是我这绿化公司，也想有个知名度，也许通过这个网络宣传一下自己，并且可以为自己以后去招揽业务，当时就这么想的。

主持人：其实并不是有了互联网才有了互联网思维，这是对您来说至少是这样的对吧？

嘉宾：应该是这样的。

主持人：您有没有想过今后要把这个平台发展成一个什么样的状态呢？

嘉宾：因为我们吉林省富田园景绿化有限公司，想跟互联网结合，搭建了这个中国绿化网。

我们的想法也是通过互联网，通过中国绿化网站，既宣传自己，也服务于社会。对公司来说也能增加更多的收入。

主持人：想要服务于大众的这种想法？

嘉宾：对。本身这个绿化公司也好，绿化网站也好，绿化公司是直接做了绿化这些规程，都是给城市做的。城市的街道，城市的马路两边的树木、花草、公园，这些都是服务于城市的，服务于大众的。作为咱们中国绿化网，它这个宣传面比较大一些，因为它是面向全国的。

主持人：您有没有想过我们这个绿化网，它有什么特点？

嘉宾：你说到这个绿化网的特点，特点很多，它就跟行业的淘宝网类似。

主持人：容纳量也比较广？

嘉宾：对，它的很多优势是快捷方便、信息量大、渠道广阔，它中间能有这么多的好处，最大的一个好处就是商机无限。

主持人：所有人都能来这里投资，然后做自己想做的事情。

嘉宾：对，这是一方面，还有一方面就是有一部分做事情做不好，也可以有网友们给他提出差评，进行监督。

主持人：会有很多行业内的专家，可以互相讨论。

嘉宾：本身这个网站也能给这些同行们提供很多需要的东西，比方说工程信息，有的网友们家里有很多好东西，他卖不出去，比方说是苗圃，里面有树木，有花草，有很多很多，还有草坪。

可以通过咱们这个网站加以宣传。

主持人：其实对于爱花之人，我觉得花花草草对他来说，是非常重要的。像刚才您说的，他们可以把这些东西一起拿到您的平台上，跟大家一起去分享。

嘉宾：是这样的。

主持人：您有没有想过我们这个平台，将来会对我们这个整个行业带来什么影响呢？

嘉宾：这个绿化网能对行业起到一个宣传作用，也能让行业提高知名度，并且还能让这些做传统行业的少走弯路。因为他们需要什么东西，上这个中国绿化网，打开网页一查，他需要的东西，上面基本上很全的。

主持人：其实就是给大家进行了一个资源整合，然后一起分享了很多行业内部的东西，方便了大家。

嘉宾：对，方便了大家，也服务了大家。

主持人：您有没有想过今后要怎么去完善这个网站，怎么去管理它？

嘉宾：可以这么说，完善这个平台，实际也是很难的，需要的工作人员，管理平台这些人员，得更加的细分，更加的专业，根据不同的地区，不同的产业，还有不同的客户的需求，得做出不同的规划和不同的解决问题的办法。但是要做好，真的是不容易的。因为各个地区它有各个地区的特点。你比方南方的树到北方来就不行，咱们北方的树首先得要抗寒。

主持人：对于气温、湿度、土壤这些，都有要求？

嘉宾：都有要求。很多南方的树，我老家山东的那些风景树，到咱们东北就冻死了。

主持人：抗寒性比较差。

嘉宾：对，咱们东北的这些松树，这些说起来东北的绿化很难做。

主持人：所以就要因地制宜了。

嘉宾：对。

主持人：那您的平台会有详细的区域划分吗？

嘉宾：中国绿化网汇集了各个地区需要的产品，像是一个大的传输带，可以把每个地区需要的品种送到大家的手中，很方便。

主持人：您觉得这个行业未来的发展怎么样？

嘉宾：这个行业未来的发展前景是非常好的。因为谁都希望自己的楼房跟前、小区内、道路两边绿化面积最大化。不仅仅是美观的问题，它还可以净化空气，起到一个环保的作用。

主持人：您的公司在发展过程中有没有遇到过什么问题呢？

嘉宾：刚成立公司的时候，因为在社会上没有知名度，揽不到工程，有时候即便是揽到工程了，也没有精通业务的那些专业的技术人员，这个是成立公司的初期最重要的一个问题。

主持人：其实还是非常不容易，创业总归来说都是比较难的。

嘉宾：是的。

主持人：那能不能跟我们分享一下您自己的个人人生感悟呢？

嘉宾：我是农民的儿子，当年真的是身无分文进到大城市打拼，很不容易。但是看看今天的发展成果，我很满足，虽然工作累点，苦点，但是感觉值得。努力付出总会有收获的。

主持人：真的是从白手起家，一直到现在，可能该有的东西都有了，非常不容易。

嘉宾：我总感觉着值。

主持人：再苦都值了，看到现在拥有的。

嘉宾：再苦都值得。

主持人：其实通过您的故事，现在我才知道真的是奇迹就在希望开始的地方。

嘉宾：谢谢。我也很有幸参加这次节目，并且我写了一首诗，也代表我的心意送给这档节目。

主持人：非常感谢。

嘉宾：也送给大家，可以吗？

主持人：可以。

嘉宾：好的。一天铄金聚金山，海纳百川集富田，绿化网站群英会，网络互联大发展，厚德载物地势坤，自强不息天行健，环保绿化是基业，造福人类做贡献，梦未来在祖国的绿色大地上，中国绿化网碧水蓝天，阳光更灿烂。

主持人：孙总的精彩分享真的给我们带来非常多的感悟，相信吉林省富田园景绿化有限公司和绿化网，在您的带领下，也将会带领绿化行业走向一个新的高潮。我相信本期的节目一定会让很多人受益，本期的节目就到这里，我们下期节目再会。

嘉宾：谢谢主持人，谢谢大家。

史琤莉
长沙酒店 APP 创始人

湖南省电生理行业领军人物，从事电生理研究与应用30年，在国内外发表过多篇论文。在该领域做出过骄人的业绩。两年前转投互联网领域，开发了长沙酒店垂直搜索平台和长沙酒店 APP。

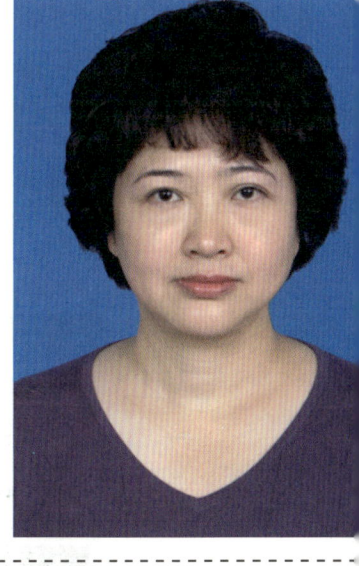

 APP 介绍 APP Introduction

长沙酒店客户端是一款宣传企业品牌、形象，并以电子商务为核心的综合性APP，为企业拓展经营渠道，扩大对外交流，开展电子商务，开辟了一条省时省力而又方便快捷的途径。长沙酒店客户端开设了商贸机会，名企推荐，产品展示，求职招聘，资讯中心及商业论坛等信息化栏目，为广大商业人士和各界朋友进行全方位的友好合作架起了稳定的桥梁，使用户在享受信息科技发展最新成果的同时获得最大的收益。

 APP 介绍 APP Introduction

《首届中国企业价值传播盛典》访谈内容

——史琤莉专访

主持人："探访人物故事，传播价值能量"，各位观众，大家好！欢迎来到《首届中国企业价值传播盛典》大型企业家访谈节目，我是主持人亚平。

本节目是由中国电子商务协会 3G 发展与应用工程和中国商业电讯共同主办，由新浪等多家权威媒体高度关注和支持。

随着经济的发展，酒店这一行业，也有了新的变化，经营中也出现了新的动态，21世纪的酒店无疑将是百花齐放的一个时期，这也是酒店行业进入到现代酒店时期以来的一种必然结果。酒店行业究竟会如何变化发展？今天我们有幸邀请到了投资酒店行业的成功人士史琤莉，史总。史总您好！

嘉宾：主持人好！大家好！

主持人：投资也算是理财的一种方式，我们知道有很多热门的行业，可以投资理财，当时您为什么选择投资酒店这个行业的？

嘉宾：首先随着旅游业的快速发展，休闲度假旅游逐渐进入大众的生活。再加上工作日的快节奏，人们在周末和假期往往寻求轻松的生活方式。有时候可以选择在家休息一天缓解一周的疲劳，但是长时间呆在家里也是让人很郁闷的事情，想出去走走放松一下。尤其是在假期的时候人们大多选择去度假村或旅游景点，走进大自然，舒展身心。酒店住宿对人们来说就是是必不可少的。

其次，现在的科学技术发展迅速，互联网渐渐融入到我们的生活。就酒店行业来说，从以往到实体店或电话预约客房的传统经营方式转化为在网络上预约，订购，可以说是互联网和传统方式的结合。看到互联网和酒店结合的优势，也是我选择投资酒店的重要因素。

主持人：是的，现在的互联网和我们的生活越来越密不可分，互联网和传统行业正在迅速地融合在一起，您是如何看待这一发展趋势的？

嘉宾：可以说互联网有自由、个性与互动性的特点，每个人都可以表达自己的观点和意见，甚至成为网民参政议政、指点江山的公共平台，成为快速传达民意的通道，拓展了所有人的公共空间，每个人都可以成为自媒体。互联网时代的到来，也给传统行业带来了巨大的冲击和影响，传统行业与互联网开始逐步融合。而移动互联网时代的到来更是加速了各种行业的跨界融合。酒店这一行业也不例外，近几年随着互联网的快速发展,网上预订房间,手机订房越来越普遍,互联网的发展给消费者带来了方便,同时也给同行业带来了竞争压力。

主持人: 可以听出您也是十分看好互联网的,您是不是也在准备进军互联网领域了?

嘉宾: 是的,我创建了一个长沙酒店搜索平台。我们可以看出,近年来网络的迅猛发展,不仅影响着社会的经济生活,还猛烈地冲击着传统的思想观念和思维方式,改变着人们的工作和生活方式。人们不仅在网上聊天交流甚至还利用网络购物、打车等,对传统的生活产生了很大的影响。此外互联网的快速发展也极大地提高了人们的工作效率,促进了社会生产率的提高。所以我们要想生存必须紧跟时代的步伐,坚持改革创新,才能不被社会所淘汰。

主持人: 您说的不错,在这个发展迅速,竞争激烈的时代下,不断地充实自己,学会顺应时代的发展也是我们必备的技能,刚刚听您说长沙酒店搜索平台?这是一个怎样的平台?

嘉宾: 长沙酒店搜索平台可以说就是一个APP软件。是针对某一个行业的专业搜索引擎,是搜索引擎的细分和延伸,是对网页库中的某一类专门的信息进行一次整合。酒店垂直搜索引擎提供了精准、细化的搜索服务,针对酒店行业进行了精准的品牌词汇定向,并结合移动APP加强了地域性管理和筛选功能,因此使用长沙酒店垂直搜索引擎能取得更精准的搜索结果。其主要特色可以归类为以下几点:

1. 中文直达。直达各大知名网站、论坛、联盟站点,数据实时更新。

2. 品牌词汇直达。商家可以提交自己的搜索词,让客户输入可快速找所需求得资料。

也可以举个例子说:我们就以酒店为例吧,出外旅游、出差等就需要解决住的问题,如果用户使用google,baidu等通用搜索引擎的方式搜索,返回的结果倾向于文章,论文,新闻等;但是用长沙酒店垂直搜索,就会被放到了一个行业供求的上下文中,返回的结果更倾向于客户的直接需求。

主持人: 听着真是一个很不错的平台!快速、便捷、精准。给消费者带来了很大方便,节省了时间。对于这个平台的完善和发展您有什么规划吗?

嘉宾: 我们要站在顾客的角度考虑,每一个入住者希望住在舒适,整洁,安静,能放松心情,娱乐身心的地方,第一步就要赢得消费者的信赖。现在互联网那么发达,可以说人人都是自媒体,在网上评论一下,相信也会给我们带来不好的影响,所以我们必须树立良好的口碑,那么就离不开优质的产品和服务,只有产品和服务做到最好,才能够赢得消费者的认可。所以完善我们的硬件设施以及服务是非常重要的,才能吸引用户的关注。我们利用网络打造良好的口碑,还可以发掘潜在的消费者,增加亲和力等等,从而带来效益。

其次我们为消费者提供最全的酒店信息查询及预订服务，在网上为消费者打造最便捷、最实惠的搜索平台。还要广泛收集信息，掌握酒店市场的动态、特点及发展趋势，紧跟潮流。我们也要利用好"长沙酒店"垂直搜索这个平台，做好宣传，给更多的人带来服务。

主持人：顾客是我们酒店得以发展的重要因素，在这个人人都是自媒体的时代里，更需要做好口碑的宣传。节目的最后，能不能分享一下您的创业心得与感悟？

嘉宾：我是在部队大院里长大的，生活的艰苦磨练，也练就了我比较坚韧的心智。在这里可以套用天下互联CEO张总的话："喜欢闯荡，有承受风险，接受挑战的勇气"放在我身上也合适。一路走来很辛苦，有时朋友，亲人还不理解，但是我一直在坚持。觉得正确就一直走下去。不要让自己有遗憾。

主持人：不要让人生留有遗憾，想要做的事情就要大胆的尝试，下一个成功者也许就是你！感谢史女士无私的分享。本期的精彩节目就到这里，我们下期再会！

嘉宾：谢谢主持人，谢谢大家！

沈华

上海姿态进出口有限公司总经理
上海服饰垂直搜索及上海服饰网站创始人

沈华，出生于东方之珠——上海，深受中、西方服饰潮流的冲击和影响，早期的日本留学经历也让她对服装行业情有独钟。直到2007年7月沈华成立了自己的第一家服装公司上海姿态进出口有限公司，凭着良好的信誉和可靠的品质赢得市场，更以年产量50万件傲然屹立于这座繁华的都市。专注服装领域多年，让沈华女士对"互联网+"服装行业有着独到的见解和浓厚的兴趣，投资并创建上海服饰移动垂直搜索及上海服饰网站，真正实现了服装行业线上线下相结合的运营模式。

 APP 介绍 APP Introduction

《首届中国企业价值传播盛典》访谈内容

——沈华专访

主持人： "探访人物故事，传播价值能量"，各位观众，大家好！欢迎来到《首届中国企业价值传播盛典》大型企业家访谈节目，我是主持人董政。

本节目是由中国电子商务协会3G发展与应用工程和中国商业电讯共同主办，由新浪等多家权威媒体高度关注和支持。

随着时代的发展，科技的进步，人类的生活也在发生天翻地覆的变化。可无论怎样变化，我们生活所需始终脱离不了衣食住行。自改革开放以来，服装行业得到了迅猛发展，人们对服装服饰类产品有了越来越高的要求。近几年，人们购买衣着更多追求的是个性气质的体现。说到服装行业，就不得不说到上海服饰，今天我们有幸请到了上海姿态进出口有限公司总经理、上海服饰网站创始人沈华女士做客我们的节目，跟我们讲讲她和上海服饰的故事。

嘉宾： 大家好！主持人好！

主持人： 说到上海服饰，我们的脑海里都会浮现出这样的画面，中西合璧，既有古典服饰的典雅，也不失现代服饰的标新立异，这是我们印象中的上海服饰的风格。您自己本身是上海人么，为什么会想到做上海服饰的？

嘉宾： "衣、食、住、行"衣是排在第一位的，上海服饰历史渊源流长，基于本人学的就是跟服装有关的专业，现在国民的生活水平提高了，很重要的一方面就体现在穿上，所以，我认为服装行业是个非常不错的选择。

主持人： 都说人靠衣装，我想服装行业是永远的朝阳产业，但我们都知道，任何创业之路都不是一帆风顺的，你能跟我们简单谈一谈，公司在发展初期面临了怎样的竞争环境、整个团队又遇到了哪些问题？

嘉宾： 我们上海姿态进出口有限公司成立于2007年，因为我们是做进出口的，公司创办初期人民币的开估、成本提高造成资金周转出现严重的问题。后来合作初期的工厂对于质量的观念还是有一定的差异，在寻找高品质工厂的这条路上，整个团队的人是花了不少时间和心血的。我们坚信只有品质好，才能保住客户，直到现在这也是我们的服务理念。不过说实话确实创业之路，满是艰辛。

主持人： 创业成功的背后是坚持，产品成功的发展靠技术，那么说起服装的成功就不能不谈设计，咱们公司的服装在设计上又有哪些独到之处呢？

嘉宾：从1860年起，上海服饰逐渐居于晚清中国的时尚中心地位，但早期上海服饰受到了西方服饰潮流的冲击和影响，来自全世界的不同时尚在此融合与更替。直到现在服装服饰制造业是上海重点发展的都市型工业之一，互联网迅速发展，也促使服装产业的设计趋于同制化的发展，而我们姿态服饰在大的市场下，求同存异，注重简约、高品质的服装设计风格，让消费者在简单中找到自己的气质与自信。

主持人：所以注重简约是贵公司的一个设计风格。随着时代的发展，人们的审美水平也在提高，而且现在信息这么发达，很多人也都会在买衣服的时候注重色彩或者款式的搭配。您觉得在服装设计上，什么样的设计才是好的设计？

嘉宾：我认为，适合自己的就是最好的！

主持人：听您这么说，我想屏幕前的很多女同胞们应该也了解一二了，不如您再给我们分享一下，您在买衣服的过程中，是怎么样选择服装的款式的？

嘉宾：简单、舒适。

主持人：刚才跟沈总聊了这么多关于买衣服的事儿，现在去实体店买衣服的人相比在网购的人真的少很多，包括我也倾向于在网上买衣服，方便，省时间，并且款式也比实体店多。再比如淘宝，双11的时候有很多的优惠打折活动，沈总您如何看待互联网这种现代生活方式嫁接传统服装产业的转变呢？

嘉宾：当今时代，电子商务带来了网民的迅速增加和网上交易的快速增长；传统的服装销售成本高、限制多、受到地域和天气的影响，现在互联网的普及化，让消费者足不出户就能买到同款价优的商品，何乐而不为呢。

主持人：看来沈总很看好互联网的发展趋势，那么您是如何利用互联网的平台建设和发展上海姿态的呢？

嘉宾：现阶段，网络的兴起与大众化普及更加缩小了世界的空间限制，使处于各国家与地区的网民充分利用网络自在交流与沟通，互联网信息时代悄然而至。网络越来越方便我们的生活，我们公司也顺应潮流，把握好这个机会，合作推出了一款上海服饰移动垂直搜索产品。

主持人：所谓移动垂直搜索产品，对于我这种外行人来说，不是很理解，您能跟我们详细的解释一下，这APP是怎么垂直搜索的？

嘉宾：好的，上海服饰移动垂直搜索其实就是一个APP软件。这个移动垂直搜索并不是传统意义上的通用搜索引擎，是搜索引擎进步的产物。随着互联网快速发展、通用搜索引擎的信息量不断增大，有时候查询不准确，搜索结果并不是我们想要的，以服饰为例，用户使用baidu等大型搜索引擎搜索的结果大多数是服饰品牌，网站，图片等，

但用垂直搜索来搜索服饰，是被放到了一个服饰行业供求的上下文中，在移动设备上随时随地的直接搜索到服饰企业及相关信息结果，这样更倾向于客户的直接需求，而且垂直搜索引擎搜索的结果也更为精准，更加针对行业本身。

主持人： 随时随地满足客户需求，的确是一大亮点。那么您觉得这样的一款产品能为行业带来哪些实质性的影响？或者说，改变？

嘉宾： 互联网将成为最不可替代的一个工具，这款产品就是顺应信息时代的变革，给我们服饰传统行业这个大家庭带来新的机遇，同时也是给竞争对手带来危机感，另一方面也是希望服饰行业同行共同进步，整合资源优势，形成行业合力，促进共同发展。

主持人： 听您前面提到，2007年创办公司到现在，您有8年的线下管理经验，那么对于后期的产品营销工作您有什么想法？

嘉宾： 产品的营销说白了就是一个产品出售的过程。作为服装行业来讲，我认为最重要的就是在保证你服装质量的前提下，打开、占领和稳定市场。我觉得在所有营销环节里，服务和诚信是第一位的，没有优质高效的服务，没有让人信服的诚信，再好的产品，再好的营销手段都很难长期的在市场中站住脚。对于这款垂直搜索产品我们主打的是用户体验，其次是创新的营销理念和营销策略。这也是决定一个服装企业产值和效益的重要载体。

主持人： 每个行业的发展都要经历"立"和"破"交替存在的时期，咱们服饰行业也不例外，公司发展不断转型升级，带来新的机遇，不断迎接挑战。新的一年沈总有什么期待愿景能跟我们聊一聊吗？

嘉宾： 可以啊，我们中国是世界上第一人口大国，可想而知，也会是世界上最大的服装消费国，与此同时也是世界上最大的服装生产国。其实近几年劳动力成本在上升，进出口的国际商务成本也有上升的趋势，这几个因素共同增加了服装行业的成本。接下来新的一年我也没什么大的愿景，就是期待我们公司稳步发展，这样才会有更好的产品带给大家。

主持人： 创业八年，一路走来，有风雨也有荣誉，您能不能给我们广大想要创业的青年人分享一些建议和您一路走来的感悟。

嘉宾： 建议在创业的初期，我们要迎难而上，不能被困难所吓倒，只要坚持下来，一定会好起来的。我们从不预测未来，我们要创造未来！

主持人： 没错，自己的未来自己创造，自己的梦想自己铸就。祝愿沈总的服装事业越做越好，为大众，为社会，装扮出一个分外美丽的崭新面貌。

今天的节目就到这里，非常感谢沈总的做客，我们下期再会。

嘉宾： 谢谢主持人，谢谢大家！

王 玲

旅游酒店垂直搜索创始人
洛阳红言广告装饰公司董事长

　　王玲女士于2000年成立了洛阳红言广告装饰公司，一个集广告设计、开发、生产、销售为一体的综合性企业。近几年随着互联网对传统行业的影响，使王玲女士看到互联网的发展空间，她毅然投身互联网行业，投资创建了旅游酒店垂直搜索，展望互联网的美好未来！

APP 介绍 APP Introduction

《首届中国企业价值传播盛典》访谈内容

—— 王玲专访

主持人："探访人物故事，传播价值能量"，各位观众，大家好！欢迎来到《首届中国企业价值传播盛典》大型企业家访谈节目，我是主持人亚平。

本节目是由中国电子商务协会3G发展与应用工程和中国商业电讯共同主办，由新浪等多家权威媒体高度关注和支持。

随着现代酒店业的成熟和市场竞争的加剧，人们已经发现，酒店一成不变的经营模式在新形势下很难满足市场发展的需求。什么样的酒店能获得竞争优势？在互联网快速发展的今天，酒店行业要如何占领商机？今天我们邀请到了旅游酒店垂直搜索创始人王玲女士，带我们一起找寻答案。

欢迎您王总，王总您好！

嘉宾：主持人好！大家好！

主持人：您是从事酒店行业的吗？

嘉宾：不是，我主要是做广告设计的，我在2000年成立了一家广告设计公司，叫洛阳红言广告装饰公司。我们是一家专业从事广告设计、开发、生产、销售的综合性企业。

主持人：既然您是从事广告设计行业，是什么原因让您选择旅游酒店行业的？

嘉宾：主要是我个人喜欢旅游，外出旅游，选择住什么酒店是每个旅游爱好者必须考虑的问题。现在互联网覆盖全球，可以随时随地的利用手机网络，查看订阅酒店。可以快速便捷地找到地理位置优越的酒店，以及优美的景区。所以我认为旅游酒店这个行业发展前景是很可观的。

主持人：您当初是怎么接触到这一行业的？

嘉宾：是一个偶然的机会了解到这个行业，而且看到了未来的前景，当时就抢先开发了这个行业平台。

主持人：您认为旅游酒店行业未来的发展前景怎么样？

嘉宾：我国国内旅游资源丰富，名胜古迹分布广泛。同时伴随着经济的发展和人民生活水平的提高，闲暇时间的增多，旅游条件的改观，都将极大的刺激国内旅游业的发展，同时也能极大地促进国内酒店业的高速发展，我认为旅游酒店的发展前景是十分广阔的。

主持人：现在互联网快速发展，你是怎么看待互联网的？

嘉宾：现在社会是大数据时代，做任何事情都离不开互联网，包括现在新提出的"互联网+"思维，对于传统企业来说又像是一种新的革命。互联网时代的到来，给传统企业注入新鲜的血液，改变了传统的经营模式，颠覆了以往的经营方式，互联网与传统企业结合发展是社会发展的必然趋势。

主持人：互联网的快速发展有没有给企业带来什么影响？

嘉宾：既然是一场革命，时间肯定是漫长的，但一定要跟上节奏，最重要的就是传统企业如何去转型的问题，转型学习的成本肯定会很高。尤其是我们这种不是互联网这一年代成长起来的人，承担的风险会更大。

主持人：面对互联网的快速发展，您在互联网领域做了哪些准备工作？

嘉宾：我在 2010 年的时候，开始接触互联网领域，并在 2011 年的时候，建立了自己的公司网站，通过在网上宣传，给公司带来了巨大的收益，让我认识到互联网的优势和影响力。于是在 2012 年抢先开发了旅游酒店这个平台。

主持人：旅游酒店这是一个什么平台？

嘉宾：旅游酒店垂直搜索平台可以说就是一个 APP 软件，是一个移动的社交平台，它是针对旅游酒店行业的专业搜索引擎，是搜索引擎的细分和延伸，是对网页库中旅游酒店行业的专门信息一次整合。

主持人：它和其他同类网站相比有什么优点和竞争优势？

嘉宾：我们这个平台内容丰富，具有新闻阅读窗口、社交平台、移动导航、应用下载、移动商家等多个应用版块，向不同用户提供全面开放的移动互联网体验。另外，旅游酒店垂直搜索引擎提供了精准、细化的搜索服务，针对旅游酒店行业进行了精准的品牌词汇定向，并结合移动 APP 加强了地域性管理和筛选功能，因此使用旅游酒店垂直搜索引擎能取得更精准的搜索结果。

主持人：对于未来的发展您有什么期待或者规划？

嘉宾：我是很看好移动互联网的发展趋势的，首先我会发展完善我的旅游酒店垂直搜索平台，让我的这个平台贴近人们的生活，为人们带来实实在在的便利，把这个平台做大做强，成为国内一流平台。让人们在这个平台上得到超值的服务。我认为移动互联网和传统企业相结合，能实现线上移动、线下实体，帮助实体发展，扩展业务，达到共赢、双赢的目的。

主持人：一路走来，您觉得收获最大的是什么或者有什么样的感悟和领悟？

嘉宾：既然做这个旅游酒店了，我就要认真的做好，让人们通过这个平台，能够快捷、方便地找到玩的、休息的地方。原来我出去旅游找酒店，特别麻烦，不方便。现在可以利用互联网随时、随地找到适合的酒店和玩的地方，而且还能进入到旅游酒店这个平台，看到房间的布置和环境，从而能做出正确的选择，节约了时间，为人们的出行，

带来了方便,享受旅游的乐趣。

主持人:对于企业的发展而言,您觉得要想经得住大浪的淘沙,最重要的是如何做?

嘉宾:"互联网+"传统企业,是迎合了李克强总理提出的"互联网+"发展理念,互联网是这个时代社会发展的潮流,要想不被社会所淘汰,就必须紧跟国家政策走,紧跟社会发展的步伐。

主持人:对于正在创业路上的年轻人有哪些忠告?

嘉宾:第一,做事要脚踏实地、认准目标,坚持不懈。

第二,要有创新的思维,追随科技发展的脚步,利用最新的网络科学技术,全方位整合资源。

第三,真诚对人、认真做事,建立良好的信誉基础,经营好人际关系!

第四,紧跟国家政策,以国家政策为方向标。

主持人:旅游酒店为人们旅游出行带来了便利,让人们不用再担心玩不好,休息不好,影响游玩的心情。祝愿旅游酒店垂直搜索越做越大,越做越强,形成全国一流平台。非常感谢王总精彩的分享。

本期的精彩节目就到这里,下期再会!

嘉宾:谢谢主持人!谢谢大家!

吴天舜
全球水晶网创始人

　　吴天舜，浙江人，水晶行业发展带头人，从事水晶行业三十几年，水晶观赏石收藏家，水晶文化研究资深专家，将文化融入水晶是他的一大创新。一直以来致力于打造具有收藏价值的水晶产品，多为水晶观赏石和水晶雕刻。受互联网启发，于2014年成立全球水晶网，在当地和业界引起广泛关注。

网站介绍 Website Introduction

　　全球水晶网（www.qqsjing.net）为从事相关行业的用户及消费者提供了信息发布及销售渠道的平台。网站已经囊括了20多项较齐全的资源平台，不仅提供了有效的运行分析数据、集合行业的产、供、销等供应链，而且涵盖周围相关行业的企业、产品、商机、资讯类信息，是国内具有权威的水晶网络服务平台。利用互联网无地域限制的优势，破解跨境电子商务发展中的深层次矛盾，体制性难题，打造跨境电子商务完整的产业链和生态链。加快完善跨境水晶网电子商务的生态系统，构建"线上集成＋跨境贸易＋优质服务"的立体发展模式。同时，线上线下同步扩展，彼此呼应，计划在全国各主要城市的商城设置线下购物门店，使客户可以在线下看到实物，增加直观感、透明度和信任度，线上、线下同步拓展，价格同样，提升购物欲望。

《首届中国企业价值传播盛典》访谈内容

—— 吴天舜专访

主持人:"探访人物故事,传播价值能量",各位观众,大家好! 欢迎来到《首届中国企业价值传播盛典》大型企业家访谈节目,我是主持人亚平。

本节目是由中国电子商务协会 3G 发展与应用工程和中国商业电讯共同主办,由新浪等多家权威媒体高度关注和支持。

水晶,晶莹透亮、璀璨放彩,每一位喜爱水晶的人士都会对它爱不释手。伴随着现代人对于时尚的追求,水晶更是被广泛用于多元素产品的装饰。它的美丽不仅夺目,更让我们怦然心动,那么今天就让我们一同走近这充满诱惑的水晶世界。欢迎本期的做客嘉宾全球水晶网创建人吴天舜,吴总您好!

嘉宾:大家好! 主持人好!

主持人:吴总,您当初为什么会选择经营水晶这样一个行业?

嘉宾:水晶特色突出,通透晶莹,色泽绚丽,蕴含着天地灵气,如水如晶,流动着宇宙雄奇之韵。西方,一直流传着水晶充溢魔力的传说,精灵和法师均以高能量的水晶作为自己的魔法工具,而对星座推崇备至的现代人,更是对水晶的神秘及绚丽充溢各种期待,这也无形中推动了水晶市场的高度发展!

相比于钻石、黄金、翡翠等珠宝,水晶价格相对低廉,色彩更加丰富,以天然水晶为原料的艺术造型也有数万种之多。水晶不只具有极好的装饰效果,同时,造型精致的水晶,作为天然资源,还具有较强的收藏价值,现代不少水晶的艺术造型,甚至已经攀升为国宝级收藏水准。这无形中增加了水晶在增值投资中的价值,所以我选择了这个行业,我认为这是一个非常具有价值的行业。

主持人:企业发展到今天,觉得最为重要的是什么?

嘉宾:作为市场主体的企业,影响因素有经济效益和国家政策。

行业不同,产品与服务、竞争对手、主业盈利模式就不一样。因此,企业文化一定要体现出行业特色。 企业文化的形成既要传承,又要创新。一方面要继承企业传统、地域文化和行业文化的精粹;另一方面要突破常规,大胆创新,以适应时代、全球化与信息化发展。一家企业发展到任何时代，必须要有一个好的、现实的理念、宗旨；要有坚强、与时俱进的领导班子和管理骨干，要有奋发上进的团队和优质诚信的服务工作。这才是企业跟得上时代潮流的关键。

主持人：随着现代互联网的迅猛发展，您是如何看待现在这种市场环境的？

嘉宾：随着市场的变化，国际市场的发展需要，特别是互联网时代的到来，年轻一代对手机的兴趣，网民数量快速增长，电子商务已经是大势所趋，这是不以任何人意志为转移的。这次十八届五中全会的召开，各级政府部门更重视跨界电子商务发展的新模型。我们各行各业必须尽快转型，才能在市场的竞争中立于不败之地。作为全球水晶网就是要利用无地域限制的优势，破解跨境电子商务发展中的深层次矛盾，体制性难题，打造跨境电子商务完整的产业链和生态链。全球水晶网已经囊括了20多项较齐全的资源平台，特别配合了"互联网＋水晶网"，"物联网＋水晶网"等行动计划，从而推动互联网、物联网等与现代制造业的结合，促进电子商务的发展，引导企业拓展国际市场。

主持人：那么您都做了哪些准备？

嘉宾：针对全球水晶网为加快完善跨境水晶网电子商务的生态系统，重点是做好水晶网策划、运营，争取做到行业老大。"线上集成＋跨境贸易＋优质服务"，线上有货，线下亦有。首先在全国选择若干家中心主要城市商城设置线下购物门店，使顾客也能在线下看到实物，增加直观感、透明度和信任度，线上、线下同步拓展，价格同样，促使顾客有购物欲望。

主持人：在网站的经营发展方面，您是如何规划的？

嘉宾：对于网站后期运营，我做了一些网络环境分析：

1. 供应商分析，浙江省较大的小商品市场有：义乌小商品市场、国际商贸城五区市场、中国小商品城篁园服装市场。

2. 顾客需求分析，人们生活水平的提高以及网民对于新型网站的服务的需求将是我们网站的市场突破点。

3. 同行的对比，根据企业调查显示，浙江省是淘宝网的发源地，商业气息浓厚，可模仿度高。我们会先从价格上击败对手，然后再提供服务多样化。

4. 产品策略

与一般的销售网站相比，我们将提供更优质、更专业、更有特色的网购服务。

5. 个性化定价策略

网站利用网络互动性的特征，根据消费者对网购服务的具体定制要求来确定价格。同时可根据不同收入的消费者定制不同的服务，以获得最大利润。

6. 营销策略

1）加入行业协会。一方面，加入行业协会或行业信息网等；另一方面，公司将积极参加展销会、开展商务考察和业内交流活动，提高知名度，推动公司营销目标的实现。

2）同媒体合作。在经济发展较快的城市中，同电台、电视台合作，宣传公司产品，树立企业的品牌形象。

3）户外广告。在公交车、公交车站、楼宇等地方租用广告位进行网站与产品宣传。

随着网站经营规模的扩大和知名度的提高，企业将会采取以下几种盈利模式：

（1）会员费

对于经常到网站购物的顾客，我们采用会员制的方式。会员在网站订购产品时，不同价位可享受不同的折扣优惠。此外，会员将优先获取新产品的信息，节日时还有礼品相赠。

（2）广告费

当网站的客户数量和网站品牌推广到一定程度的时候，网站可以发布多种形式广告，并收取相关的广告费用。

（3）销售收入

销售收入是公司的最主要利润来源。本网站在市场细分后通过向顾客提供购物、网购等服务来获取利润。

主持人：在您看来，互联网的经营模式与传统行业的经营模式有什么本质区别？又有什么相通之处？

嘉宾：未来真正崛起的不只是互联网，更重要的是传统行业与互联网的结合，互联网对传统行业的改变，如何改变正是我们需要思考的问题。

互联网最有价值的不是自己在产生很多新东西，而是对已有行业的潜力再次挖掘，用互联网的思维去重新提升传统行业。

主持人：吴总，我们也都知道无论是传统行业还是互联网领域都有一定的风险性，面对危机的出现，您会如何地应对？或者说您又做好了哪些防范措施？

嘉宾：现代企业会面临各种各样的危机，无论哪种危机都会对企业造成一定程度的伤害，因此，危机是每个企业都不愿意看到的。对于企业来说，预防应该是危机管理的核心、重点，只有把这个环节做好了，才能够从源头上避免危机的发生，减少企业因危机而造成的损失。树立强烈的危机意识，创建蕴含危机意识的企业文化。危机管理的理念就是居安思危，未雨绸缪。在企业经营形势不好的时候，人们容易看到企业存在的危机，但在企业如日中天的时候，居安思危却并非易事，然而危机往往会在不经意的时候到来。所以，作为企业的管理者，必须有张瑞敏所说的"时时如履薄冰，永远战战兢兢"的心理准备。根据横山法则：最有效并持续不断的控制不是强制，而是触发个人内在的自发控制。

企业进行危机管理，首先应树立一种"危机"理念，营造一个"危机"氛围，并将危机意识培养成为企业文化的一部分，使企业经营者和所有员工面对激烈的市场竞争充满危机感，用危机理念来激发员工的忧患意识和奋斗精神。全员的危机意识能够提高企业抵御危机的能力，优秀的企业文化能够调动团队预防危机的主动性、积极性、责任感、参与感，激发员工的创造力，减小结构性危机发生的可能性，从而有效地防范与控制危机。

主持人：创业至今，一路走来，您个人有什么样的感悟和心得？

嘉宾：水晶产业在我国已有十多年的发展历史，历程虽然不长，但是发展速度非常惊人。广东已迅速发展到几千家水晶企业，销售额突破50亿元人民币；在上海的水晶一条街，短短几个月的时间里就已有40多家水晶企业入驻；北京不久前也建成一个水晶首饰城；在我国水晶基地——"水晶之都"东海，水晶产业的收入占整个财政收入的80%。在中国国内珠宝行业市场中，相对钻石而言，它更便宜，而又比翡翠的颜色更丰富，因此深受时尚一族的喜爱。近年来，在各类珍宝消费市场中，水晶消费的比重也呈明显上升趋势。从国际上来讲，一个国家的珠宝消费水平与它的经济水平成正比。水晶或是珠宝是一个国家发展速度及其经济的指标之一，根据我国实际情况可以看出，我国水晶消费潜力非常大。因此，施华洛世奇可凭借这一趋势，迎风而上，只要想出好的卖点，便不难再创一次销售高峰。同时，国内水晶行业的发展也不是一帆风顺的。早在2004年，由于北京商家盲目入驻水晶行业，热气波及全国，水晶市场空前活跃，使得这一年成为水晶年。到了2005年，由于过分膨胀，导致水晶市场受伤。综合分析原因，我们可以看到在水晶市场表面繁华的背后，充斥的是步履维艰的半路出家的商户和鱼龙混杂的市场，从而导致整个水晶市场的受伤。

做什么行业的生意都有风险，只要与时俱进，跟上时代步伐，高瞻远瞩，碰到困难敢于面对解决，肯定无往而不胜。

主持人：您对未来有怎样的愿景期待？

嘉宾：随着社会的发展，珠宝首饰的消费，已经由贵族转到了中产，而水晶作为中产珠宝里的最有发言权的代表，将会在不久的将来成为时尚，品味的消费主流。各个国家珠宝关税壁垒的破除，也使得全球水晶市场逐渐融为一体。全球珠宝商们

也顺应这一趋势潮流，纷纷建立水晶网店，为国际水晶网购提供了条件。希望我的全球水晶网可以得到大家的认可，增加自己平台的知名度，更希望我的平台可以受到国内外投资商的青睐。

主持人：通过与吴总的谈话，吴总卓越的战略目光和高效的管理模式，确实让我们受益匪浅。那么，在今后水晶行业的发展构建上，我们也希望吴总能够为这个行业带来更多精彩！非常感谢吴总今天的分享。

本期的节目就到这里，我们下期再会！

嘉宾：谢谢主持人，谢谢大家！

于大海
新能源网创始人

　　于大海，1976年出生，互联网爱好者，从90年代开始就一直关注互联网，并于2014年创建了新能源网。新能源网，是中国新能源产业综合类网络平台，积极倡导绿色能源、新能源、新技术的推广，大力宣传节能减排、低碳环保知识。新能源网希望为中国经济建设、环境保护和新能源行业的发展贡献一些绿色的正能量。

　　新能源网（www.xnysj.com）不仅为整个行业提供一个展示产品和信息的平台，而且还为有需求的客户与供应商之间搭建一个有效的沟通桥梁。其次，新能源网版面设计科学，信息资讯分类明确，用户来到网站上，就能方便快捷地找到自己想要的资讯信息，为行业的发展贡献一些绿色的正能量。新能源网作为一个综合型行业平台，平台与多媒体资讯产品相结合，大力宣传节能减排、低碳环保知识，倡导并推广绿色能源。

《首届中国企业价值传播盛典》访谈内容
——于大海专访

主持人： "探访人物故事，传播价值能量"，各位观众，大家好！欢迎来到《首届中国企业价值传播盛典》大型企业家访谈节目，我是主持人石濛。

本节目是由中国电子商务协会 3G 发展与应用工程和中国商业电讯共同主办，由新浪等多家权威媒体高度关注和支持。

我们将每期邀请一位商界精英，他们或是公众瞩目的成功人士、或是鲜为人知的行业大咖、或是不甘寂寞的行业新秀，通过深度对话，对他们进行探访和立体式解读，让业内人士真切感受到企业家的个性魅力、新锐理念和商业态度，也让普通受众得到启发。

今天北京又是个雾霾天。雾霾天的根源是什么？专家说是大气环境问题，不容易解决。但是我们今天的嘉宾，却是有着不一样的见解。下面欢迎来自新能源行业的资深人士于大海于总，听听于总会为我们带来什么福音。

嘉宾： 大家好！主持人好！

主持人： 新能源行业是一个怎样的行业？于总请您简单介绍一下。

嘉宾： 大家都知道，传统的煤、石油、天然气都属于常规的不可再生能源。这些东西都是经过千百万年才形成的，短期内不会继续产生，用一点就少一点。不仅如此，带来的环境问题也不容忽视，温室效应、酸雨、雾霾等等，都是因为这些能源的不正确使用造成的。

然后再说新能源，什么叫新？自然是有很多创新的思想和技术在里面。我们不用这些常规的不可再生能源，我们用大自然的力量，用风能、太阳能、地热能等等。这些能源普遍具备可再生的特性，最重要的是对环境影响小，这是新能源最大的优势所在，也是新能源行业的潜力所在。

随着环境问题越来越受到重视，我也紧跟时代的步伐，创办了新能源网，旨在通过新技术、新方法，在实现环境友好的同时，创造一种新的生活方式。

主持人： 您创办的这个平台有什么特色？相比于同行，有哪些独到的优势？

嘉宾： 关于我的新能源网，我觉得最大的特色就是网站的定位准确。在我看来，选对了方向，事情就成功了一半。新能源网致力于为整个行业提供一个展示产品和信息的平台，为有需求的客户与供应商之间搭建一个有效的沟通桥梁。这是我创办网站伊始的理念，也是网站日后要遵循的发展方针。

同行的网站我也有过接触，印象比较深的就是版面设计太繁琐，找自己想看的信息资讯也太麻烦，没有科学的分类，体验太差。相比较之下，新能源网在版块布局和分类方面就做得比较好，用户来到网站上，都能方便快捷地找到自己想要的资讯信息。其次，新能源网作为一个综合型行业平台，其产品丰富度也相当高，这也是领先于行业内其他网站的一点。最重要的还是我想把网站做大做好的决心，我愿意为此付出努力，我感觉这也是优势的体现。

主持人：在平台建设初期遇到了哪些困难和挑战？又是如何克服的？

嘉宾：由于我之前一直从事传统行业，对互联网领域的认识和了解只能算停留在初级的层面。刚开始接触互联网行业的时候，最大的感觉是惊奇，举个简单的例子，传统的线下企业想要进行宣传，可能需要半个月甚至一个月的时间来打广告、发传单，但是在互联网上，可能仅仅需要一天时间就能通过网络广告来达到相同的效果，这正是互联网高速、高效率的完美体现。不过，这也都是我后来才领悟到的，刚开始并不能很好地去理解互联网的模式，也走了不少弯路。困难肯定是有的，不过在我看来，只要认准了方向，为自己确定了目标，顺其自然。

主持人：您对未来的发展有怎样的愿景期待？做了哪些准备？

嘉宾：新能源网已经成功创办，接下来的工作就是如何去把它做大做强，这是我的下一个目标。我自身呢，也在不断学习互联网的新思想、新方法，不断完善自己，不断探索新道路。在未来，希望通过自身的努力，推动新能源行业的发展，造福社会，为地球的生态环境建设贡献一点绿色的正能量。

主持人：推动您一路前行的动力来源于哪里？家人？朋友？还是梦想？

嘉宾：能够奋斗到今天，取得了一些成绩，家人和朋友的支持是非常重要的推动力。其次，我个人是一个非常乐于接受挑战的人，我为自己定下了很多目标，并且一直在不断实现目标。不论是行业竞争中的挑战，还是工作生活中的挑战，我都乐于去正面面对。这是我的性格，不服输，也从不轻言放弃。

主持人：奋斗了这么多年，您应该积累了很多经验和感悟，可以和大家分享一下吗？

嘉宾：经验肯定会有一些，我在做事情的时候，特别是比较重大的决定，我会多准备一套方案，来应对一些意想不到的状况。这种方法让我在处理事情时更加从容不迫，得心应手。感悟最深的还是对于互联网的进一步理解，近几年飞速崛起的互联网企业，都是找到了最适合自身发展的道路，我希望我的新能源网也能在后续的发展中，借助互联网的强大优势，逐渐步入正轨，稳步发展。

主持人：对于许许多多正在创业的年轻

人，想对他们说些什么？

嘉宾：创业可以说是一次艰苦卓绝的长征，想要抵达目的地，首先自己要足够坚韧。同时要对自己有信心，这是获得前进动力的源泉。送给大家四个词：

戒骄戒躁、脚踏实地、平和心态、回归自然。

最后借用毛主席的一句词：雄关漫道真如铁，而今迈步从头越！ 祝愿所有创业者都能取得属于自己的胜利。加油！

主持人： 非常感谢于总无私的分享交流，于总丰富的从业经验和独到的目光见解也都非常值得我们去学习！最后也祝愿于总的事业越做越好！更上一层楼！

本期的精彩就到这里，再会！

嘉宾：谢谢主持人，谢谢大家。

尹加帮

腾冲振邦商务有限责任公司创始人
食疗养生垂直搜索和食疗养生网创始人

  1984年12月出生，是一位80后的创业者。2007年毕业于中南大学湘雅医学院，曾就职于第三军医大学教务处，2011年初开始创业，先后创办了腾冲策动传媒有限责任公司、腾冲振邦商务有限责任公司。2015年，充分应用了李克强总理提出的"互联网+"行动计划，响应民众需求，创建了食疗养生垂直搜索和食疗养生网（www.slys1688.com）。

 网站介绍 Website Introduction

  食疗养生网（www.slys1688.com），针对不同类型人群设有相应的版块，例如养生食疗、疾病食疗、美容食疗等等。若用户还有不解可以直接在专家讲座、名家专访查看资讯，"对症下菜"。不仅如此，该网站对于食品安全与饮食误区也相当重视，设有专门的版块为大家讲解安全的饮食搭配；对于各个季节针对不同的人群有相应调理方式；如果碰上中考、高考等重要日期更是有专家坐镇，教广大用户合理的膳食，避免进入饮食误区，给孩子带来不便。

APP 介绍 APP Introduction

《首届中国企业价值传播盛典》访谈内容
——尹加帮专访

主持人："探访人物故事，传播价值能量"，各位观众，大家好！欢迎来到《首届中国企业价值传播盛典》大型企业家访谈节目，我是主持人董政。

本节目是由中国电子商务协会3G发展与应用工程和中国商业电讯共同主办，由新浪等多家权威媒体高度关注和支持。

随着社会的发展，人们越来越讲究养生之道，养生不再只是老年人所关注的话题。据调查研究，由于亚健康的普遍出现，年轻人也很关注养生方面，尤其是食疗养生。古话说，药补不如食补，食物是最好的药物。今天我们有幸邀请到了80后创业者，腾冲振邦商务有限责任公司创始人尹加帮，欢迎尹总来做客，让尹总分享一下他的食疗养生之路。

嘉宾：主持人好，大家好，很高兴在这里和大家见面。

主持人：尹总是80后，正如观众朋友们看到的这样，年轻有为，前几天为了准备采访你，我在网上搜了搜食疗养生行业，可以说是2015的最佳商机。你也可以说是洞察到这个先机了，当初为什么选择这样一个行业？

嘉宾：主要基于两个方面考虑，一是兴趣，我是医学院校毕业的，有一些基础，对这个行业比较感兴趣；二是时代所需，在我看来，未来几年食疗养生行业将会出现一个快速、长期、稳健的增长趋势。

主持人：您能不能给大家科普一下这个食疗养生的概念，因为我们现在都说养生养生，但究竟怎样养生才是科学的？

嘉宾：食疗养生是中医养生文化的一大特色。如何通过饮食营养来达到最佳养生目的，需要根据不同的体质、不同的年龄阶段、不同的气候时节，采取合适的养生方案。总的说来，食疗养生主要包括补益和清理两个方面。补益就是补充营养，人从出生就在不停的消耗，有消耗就需要不断补充营养，维持正常生命活动。清理就是清理生命垃圾。机体在运动的同时，总是不停地产生垃圾，所以就需要将这些机体垃圾有序地清理出去，才能维持机体新陈代谢的平衡。

当然了，科学、高效的养生仅仅依靠食

疗还是不够的，我们还必须保持积极的心态，保证充足的睡眠，参加适当的运动，这四个方面都是必须的。

主持人：您在筹备这个食疗养生企业的过程中，怎么样把您的医学背景融合到企业的定位中呢？在企业筹备的前期遇到了什么样的困难？

嘉宾："学成致用"是湘雅母校的校训，我有幸成为其中一员，也不忘践行母校的教导，努力将所学运用到创业实践中去。

创业道路是曲折的，总是有许多不如意的地方，比如资金周转问题、人员流失问题，等等。

主持人：你觉得食疗养生行业未来的发展前景是怎样的？

嘉宾：伴随着人们生活水平的迅速提高、工作压力不断增大以及各种慢性病、职业病、"富贵病"的频繁出现，人们对健康的重视程度和需求也发生了显著的变化。我国中医文化非常讲究"药食两用"，主张食物才是最好治病良药。通过食疗来养生保健、治愈疾病的做法不仅在远古时代盛行，在社会高速发展的今天，其重要性更加凸显，未来几年将会呈现高速发展的势头，将成为从事健康产业的企业、商家抢占的重点。

主持人：是的，食疗养生不仅文化悠久，而且符合现今城市绿色可持续发展的主流理念，是一个绿色朝阳产业。据了解，您曾从事过行政工作，这是老一辈们说的铁饭碗，为什么放弃了踏实的工作，开始创业呢？

嘉宾：2007年大学毕业之后，我曾在一所医学院校教务处从事教学管理三年多，曾荣立过个人三等功等荣誉。离职创业主要是想自己做点事情，让人生多一点故事。

主持人：想要看看自己能有多大能量。

嘉宾：是的。离职创业时，家人、朋友都非常反对。离职后曾与朋友创办过一个广告公司，发展还算顺利，经过四年的经营，在当地已经产生了一定的影响力。腾冲振邦商务公司是我最新创办的，主要从事食疗养生产品营销推广，目前代理销售的产品主要有苦荞系列产品、无糖食品和五谷杂粮等。

主持人：您说了这么多所销售的产品，能不能给我们简单介绍一下这些食物都有什么样的食疗功效。哪些适合小孩儿吃，哪些适合老人吃？

嘉宾：好的。苦荞富含芦丁和多种矿物质，是五谷之王，其主要功能是降血压、降血糖、提高免疫力，特别适合"三高"人群、肥胖患者；无糖食品的主要特点是热量低、提升血糖的速度比较慢，比较合适糖尿病患者、老年人、小孩食用；五谷杂粮，富含膳食纤维，营养物质比较全面，常吃有助于平衡人体的营养需求，加速排除体内垃圾，各个年龄阶段的人群都可以食用，但是不能食用过度，食用前要先了解每个杂粮的功效和注意事项，比如哺乳期妇女就不能食用麦芽，因为麦芽有断乳消胀的作用。

主持人：80后可以说是伴着互联网成长起来的网虫们，虽没有前辈们积累的商场经验，但是他们有冲劲、有头脑、更有80后独特的互联网视角。现在很多的养生节目，养生知识，人们也是从网络上看到的，我也看到了您专门创建了个食疗养生移动垂直搜索，为广大的受众提供食疗养生的知识。现在是新媒体的时代，您是如何把企业的发展和互联网结合在一起的呢。

嘉宾：互联网飞速发展，已经渗透到各行各业，食疗养生行业也不例外。通过广泛的市场调研后，我们与知名互联网企业合作开发了食疗养生网和移动垂直搜索项目，着力通过互联网和移动互联网传承、发扬中医食疗养生文化，促使企业发展壮大。

食疗养生移动垂直搜索主要是为用户提供精准的、细化的搜索服务。其搜索结果不是成百上千的相关网页，而是范围极为缩小、极具针对性的具体信息，是对普通搜索引擎的延伸和应用细分。这种"专、精、深"的、基于移动互联网的"智能搜索"模式，将会加速实现对传统线下实体经济的有效撬动，帮助企业快速发展。

主持人：听您这么说，我感觉您的企业的发展和互联网以及移动终端结合的非常好，那么对于未来的发展，您有一个什么样的目标呢？

嘉宾：未来几年，我希望借助互联网的风帆在食疗养生保健这一领域有所突破。当然了，企业的发展目标是不能一成不变的，必须要紧贴时代发展的主旋律，及时调整企业的目标定位和发展举措，走在时代的前列。

主持人：通过您独特的互联网视角，让每一个人认识到食疗养生的文化，据了解食疗养生网站已经成功上线运营了，那尹总能在这里分享一下您将如何规划后期的发展？

嘉宾：食疗养生网的上线只是该项目的一个开端，我们的目标是将平台打造成为专属于这个时代的养生平台，力争成为国内食疗养生行业的第一品牌。

主持人：非常感谢尹总为我们分享了这么多精彩的内容，返璞归真，食疗养生重塑我们的健康。今天节目就到这里，我们下期再会！

嘉宾：谢谢主持人，谢谢大家！

张保荣
兰州鑫奥化工有限责任公司总经理

张保荣,男,1954 年生在甘肃宁泽县,现任兰州鑫奥化工有限责任公司总经理。2005 开始进入化工行业,担任甲醇行业技术顾问,从事甲醇行业开发研究并积极投身互联网,充分证明,互联网能使甲醇行业快速打开宽广的线上市场,带动营销方式升级,以提高甲醇行业的整体竞争力。

公司介绍 Company Introduction

公司名称:兰州鑫奥化工有限责任公司。

企业经营范围: 兰州鑫奥化工有限责任公司是一家环保型化工产品的贸易企业,注册资金 1000 万元人民币。地处兰州市西西固区。企业主要经营及生产:二甲苯、甲醇、乙醇、硝基苯、硫磺、苯乙烯的批发,橡胶制品、建筑材料、金属材料、矿产品的批发零售。

网站介绍 Website Introduction

甲醇网(www.jiachunb2b.com)是国内知名的甲醇交易平台,提供最新国内甲醇资讯,国际甲醇行情,甲醇供应信息,甲醇求购信息,甲醇上下游行业信息。通过甲醇网消费者可以转向网上购物,交易双方可以在网络平台上交流合作,对促进业务发展起到积极作用。

朱浩清

太原市迎泽区紫恒服饰商行董事长，户外旅游网的创始人

朱浩清，男，1976年出生，河南郑州人，旅游爱好者，长期致力于对中国旅游产业运行的观察与研究，并与2015年成功创办户外旅游网。从互联网的角度关注旅游行业的新发展，现任太原市迎泽区紫恒服饰商行董事长。

网站介绍 Website Introduction

户外旅游网打造中国领先的在线旅游预订服务平台。网站版面设计清晰，信息齐全。通过采集、筛选、整合旅游行业资源，对站内咨询进行归类。此外，平台内还汇集了百万中国旅游景点的详情及旅游攻略、预订打折优惠旅游景点门票、酒店机票、旅游线路、国内旅游、出境旅游等旅游信息。为用户推荐精品游记攻略、目的地指南与旅游资讯，启发旅游灵感，为整个旅行增添乐趣！

《首届中国企业价值传播盛典》访谈内容

——朱浩清专访

主持人:"探访人物故事 传播价值能量",各位观众,大家好!欢迎来到《首届中国企业价值传播盛典》大型企业家访谈节目,我是主持人亚平

本节目是由中国电子商务协会3G发展与应用工程和中国商业电讯共同主办,由新浪等多家权威媒体高度关注和支持。

旅游行业是国民经济的综合性产业,是拉动经济增长的重要动力。以互联网为代表的新一轮科技革命正在深刻的改变着各个行业,对旅游业更是带来了颠覆性的影响。今天我们的节目要和大家一起分享的是互联网下的旅游业到底是什么样的?欢迎我们本期的做客嘉宾户外旅游网的创建者朱浩清先生。朱总您好!

朱总您从事旅游行业多少年了?

嘉宾:去年刚开始。

主持人:您当时为什么选择这个行业?

嘉宾:我在毕业以后就在一家旅游公司工作,大概工作了有五年的时间。后来就开始自己创业,慢慢的公司逐渐走向成熟,就经常带着家人一起去旅游。从06年的时候开始,到现在我们把国内的著名旅游景点几乎都去过了。从跟团旅游到自助游,慢慢的开始借助手机软件,使用网络工具,进行订票,预约租车,预订酒店等,从中深刻的体会到了网络带来的便利。

主持人:那您能不能简单的分析一下,在互联网的浪潮下,旅游行业的发展现状?

嘉宾:随着国民生活水平的提高和旅游行业高歌猛进式的发展,旅游消费者越来越多,越来越走向大众,成为一种居民常态化的生活方式,每到假期都会形成旅游高峰。现在人们不仅喜欢在国内旅游,而且出境旅游也越来越被大众欢迎,近年来,去日、韩、泰国、马来西亚、新加坡等国的游客明显增多。现在随着互联网以及移动互联网的普及,越来越多的人,通过电脑或者手机在旅游网站上预订机票、火车票、预定酒店、了解旅游路线。旅游行业线上线下融合的趋不断加强,"互联网+"的商业模式对传统的经营模式产生了很大的影响。

主持人:那么您对"互联网+"的这种商业模式是怎么看的?

嘉宾:我认为,现在伴随着互联网的发展,旅游消费者对线上购买线下体验模式的认同越来越高，而且通过线上平台还能记录、分享消费者的旅游体验。旅游产业加速线上线下融合的趋势，对旅游产业今后的服务质量也会有着质的飞跃。我们要想在互联网的时代下不断取得新的突破，必须向互联网接轨，结合当下市场环境，与时俱进！

主持人： 刚刚听您说到，您很早起就开始使用网络工具了，可以说互联网和人们的生活越来越密切，您也体验到了互联网给生活带来的便捷，那么您有没有为投身互联网领域做一些准备工作呢？

嘉宾： 根据我这几年的亲身经历，认识到了旅游服务行业在互联网领域发展前景很乐观，经过一段时间的考察，现和一家互联网公司合作创建了户外旅游网网上平台。

主持人： 户外旅游网这是一个什么样的网站，您能不能和我们简单的介绍一下。

嘉宾： 我们的网站可以提供国内外特价机票、酒店、旅游度假景点门票等产品一站式预订服务，预订可省80%，7*24小时预订服务，是一个超值旅游产品的网站。此外，我们网站它会将所有提供机票或者酒店的网站进行比价，可以并列让用户去选择，当用户选择好了之后还会跳到提供产品的网络供应商的页面上进行预定，性比价相对比较高！

主持人： 一个非常便捷的网站，那么我想知道您的网站能给用户带来什么，别人为什么要选择您的网站，现在旅游网站那么多？

嘉宾： 我们的"户外旅游网"可以给游客提供一个体验的机会。用户在我们网站内不仅可以浏览到大量的旅游信息、旅游产品，还可以随时在网站内查看曾体验过我们网站服务的用户的评论，增加透明度。

此外，我们户外旅游网站把众多的旅游供应商、旅游中介、旅游者、旅游产品整合在一起，使景区、旅行社、旅游饭店及旅游相关行业，联系在一起，提高资源的利用效率，扩大旅游市场规模，促进企业的发展，为企业创造效益。

主持人： 可以看出户外旅游网是站在游客和入驻者的角度考虑的，把用户的利益最大化。那么您对于网站今后的运营管理方面有什么安排？

嘉宾： 对于网站后期我们会不断地优化更新网站，我总结了以下几点：

一是信息齐全，功能全面；通过采集筛选整合旅游行业资源，提供丰富的旅游信息，并根据不同地区有效的归类，方便用户一体式搜索，加强用户对景点的掌握。

二是简单，直观；我们网站非常直观的将旅游产品，旅游线路罗列出来。对于景点价格，注意事项等等都非常清楚的在网站内标出来，为游客提供方便。

三是透明化；我们网站设有后期评论分享窗口。用户通过对网站的体验，可以根据自己的满意程度对网站以及景点做出评价，对再使用的用户提供参考信息。

四是加强管理；我们的管理是要加强对

入驻商家的管理,保障旅游信息的真实性和可靠性,让用户可以放心的使用。

五是加强分享平台优化;现在无论是知名景点还是普通景点都比较多,有不少被大家忽略的地方,我们的这个分享平台,会以图片或者视频的方式向用户展示,以防错过美丽的风景。

主持人:一个非常完善的网站,那么您在未来的三到五年内有什么发展规划?

嘉宾:首先当然是希望我们的网站越做越大、越做越强,但是企业的发展绝对不能盲目,要脚踏实地。只有努力做好现在的每一件事,打好坚实的基础,才能有机会更好地发展。我们后期会不断完善网站,及时的更新旅游产品,以客户为中心,满足客户的需求。我们的目标是吸引全国更多的旅游行业入驻我们户外旅游网,最终把我们的网站打造成为国内旅游行业网站的龙头企业,能够走向世界,走向全球。希望大家都知道户外旅游网,只要人们想去旅游,就会想到我们的网站并且使用。我们户外旅游网致力于为旅客提供最便捷的服务,使旅游变得简单化。

主持人:一路走来,相信您也积累了很多宝贵的经验,能否给正在创业的年轻人一些忠告或者是建议?

嘉宾:首先一定要选定目标,坚持到底,遇到困难,不要退缩,要想方设法的解决问题。然后,就是要不断地学习新知识,不断的去完善自己,现在不去学习新的知识,很快就会被淘汰的。此外,要重视团队建设,一个优秀的团队,才能不断带动企业新的发展。

主持人:有目标,持之以恒的坚持到底,重视团队的建设,相信户外旅游网在朱总的带领下将会越来越受到大众的欢迎。

非常感谢朱总的精彩分享,本期的精彩节目就到这里,我们下期节目再见!

嘉宾:谢谢主持人!谢谢大家!

章 欢
台州市黄岩永生模业有限公司总经理，模具网创始人

　　章欢，女，1983年1月出生于浙江省台州市黄岩区院桥镇前宅村，从小受父亲影响开始从事模具制造业，成功成为合格的模具工程师，能独立设计和指挥生产高难度，复杂的塑料模、压铸模、冷冲模。并于2007年成立台州市黄岩永生模业有限公司。随着互联网兴起，2011年投身互联网行业，2014年创办模具网站。

网站介绍 Website Introduction

　　模具网（www.zhongguomoju.net）是一个整合模具行业大数据信息的。它对整个模具行业进行了系统的汇集、整合、分类、分析。模具行业的相关人士可以借助这个互联网平台的多种功能进行数据的检索和查询，有效提升模具企业的品牌形象。模具行业的资源转移到线上之后，平台通过建立管理机制，帮助行业规范经营，通过反馈机制帮助企业和商家发现问题、解决问题，改善客群关系，促进行业的健康发展，增强消费者对行业的信任。

《首届中国企业价值传播盛典》访谈内容

——章欢专访

主持人："探访人物故事，传播价值能量"，各位观众，大家好！欢迎来到《首届中国企业价值传播盛典》大型企业家访谈节目，我是主持人亚平。

本节目是由中国电子商务协会3G发展与应用工程和中国商业电讯共同主办，由新浪等多家权威媒体高度关注和支持。

现在有句话说的不错，模具是工业之母，因为现在的产品，绝大部分都是用模具来生产的，只有用模具才能使产品达到量产，提高效率，降低成本。只有极个别的手版或是标榜手工的产品才不用或是少用模具。就这点上来讲，已经高度工业化的世界，是没有办法离开模具的。今天我们有幸邀请到了台州市黄岩永生模业有限公司及模具网创始人章欢章总，让她给我们讲讲她和模具行业的特殊感情。欢迎您章总，跟我们观众朋友打个招呼！

嘉宾：主持人好，观众朋友们你们好，我是台州市黄岩永生模业有限公司章欢！很高兴能在这里和大家沟通交流！

主持人：模具在中国应该是工业生产的基础工艺装备，已经是相当成熟的的行业了，被称为"工业之母"，章总您当初是如何接触到这个行业的呢？

嘉宾：好的，当初我接触到这个模具行业，是受到我父亲影响。我从小七八岁左右家里就办过塑料制品厂，那时候厂子工人过年回家，我们都是赶鸭子上架，去干。我父亲也很爱钻研，但是在我们那里，家家户户都在做模具，我后来觉的这是个比较热门的行业，现在绝大部分工业产品零件和塑料制品都是由模具成型。模具作为国民经济的基础行业，是不可能被淘汰的行业，是个充满机遇的行业！

主持人：您觉得模具行业未来的发展是怎样的？

嘉宾：模具行业是个朝阳行业，随着信息技术和计算机网络技术的发展，模具制造业进入了全球化的新时代。市场对产品品质、生产工艺和上市时间的要求也越来越高。在这种情形下，成本控制、生产效率与技术因素成为模具制造企业塑造差异化优势的关键所在，未来模具制造业需要企业转型升级和

企业价值传播 | **167**

商业模式革新；"效率""创新""可持续"等正代表着模具制造业关于未来的思考和革新方向。

主持人：正如章总所说，模具是国民经济的基础行业，是不可能被淘汰的行业，但任何创业过程都不是一帆风顺的，章总在创办这家企业时遇到了哪些困难？

嘉宾：模具作为传统的制造业，尤其对中小企业来说，人才难留、同行业恶意竞争、资金不够、技术就不强，导致质量缩减，这样就造成订单少，这些因素，最后导致模具利润缩减，总支出远远超负荷总收入，压力与危机并存。

主持人：您认为创办模具企业的关键是什么？

嘉宾：我认为，对于模具企业而言，如何有效地降低运营成本、提高模具工程效率、及时推出高质量产品、在改进销售流程的同时加强协作、可持续地投入创新，这几个方面是其保持在未来市场竞争力的重要砝码。

主持人：创新是每个企业发展的基础。在这样一个大的环境下，我们台州市黄岩永生模业有限公司做出了哪些创新？

嘉宾：李克强总理在两会上提出新概念"互联网+"，而马化腾也说：互联网的未来是"连接"，各种传统企业与互联网连接起来后，将产生改变世界的力量。可以看出，传统行业走上转型的道路是时代发展的必然趋势。公司最近也积极创新，与知名互联网公司合作创办了模具网，打算将传统的模具制作业和互联网结合。我们都知道现今是互联网时代，网上几乎是万能的，作为企业发展也要紧跟时代的步伐，打破传统、创造新型产物，我认为互联网时代是一场旷日持久的产业革命，对每个传统或新兴的产业都会产生极其深远的影响，并对传统的商业模式带来巨大的机遇和挑战。

主持人：章总真的很有魄力，与时俱进，打破传统，创新变革，您能跟我们讲讲您准备如何打这场互联网持久战吗？

嘉宾：互联网现在与我们的生活息息相关，我创办的模具网，就是针对行业本身，为模具行业服务求发展的一个平台。第一也是为自己，第二是希望模具的相关企业可通过此平台，直接找到满意的生产厂家，而生产厂家可通过平台接到客户订单，同时模具网就是互帮互利为企业服务的专业化网站。

主持人：模具网听起来真的很方便，能够随时随地满足生产厂家、企业、客户的三方需求，但对于我们来说可能只是一款软件，但您觉得这款产品能给行业带来哪些实质性的影响？

嘉宾：互联网将成为最不可替代的一个工具，这款产品就是顺应信息时代的变革，给我们模具传统制造业这个大家庭带来新的机遇，同时也是给竞争对手带来危机感；另一方面也是模具传统行业大家共同进步，整合资源优势，形成行业合力，促进共同发展。

主持人：是啊，只有大家共同进步，行业才能稳固发展，章总对企业及产品未来有

怎样的愿景期待？

嘉宾：未来模具行业，我有三方面的想法：一是在产品结构调整上面应该注重产品结构的调整和定位，进一步提升模具的制造技术水平，占领结构复杂、高精度、高技术、高质量的高档模具市场。二是加大设备投入，实现模具制造的全自动加工。广泛采用计算机辅助技术、人工智能技术等，增强企业技术创新能力。三是充分发挥模具网优势，用互联网推动传统模具行业，进入了数字信息化时代，利用消费心理塑造网站的口碑营造，利用推广对象的口碑传播加速网站的推广，达到更广泛和更深入的效果。

主持人：在节目的最后，章总您能跟我们分享一下，您一路走来，人生感悟是什么？

嘉宾：人生感悟谈不上，就是自己的一些经验，人不能舒舒服服地过一生，必须对身旁人与事物给予回应。不能若无其事，也许有利于自己的机会就枉然错过了，要积极吸收时代变革的新鲜事物，才能让自己跟得上时代的步伐。

主持人：模具制造业已经进入了全球化的新时代，必须要抓住机会，勇于创新才能让自己跟得上时代的步伐，非常感谢章总为我们分享了这么多精彩的内容。今天节目就到这里，谢谢大家！

嘉宾：谢谢主持人，谢谢大家！

周良如

广西贺州市贵丰金属制品有限公司副总经理
建筑钢材垂直搜索 APP 创始人

周良如，中共党员，现任广西贺州市贵丰金属制品有限公司副总经理。自 2009 年任广西贺州豪盛投资建设有限公司总经理以来，投资 4.8 亿元，总体规划灵峰工业区 3000 亩。在他的带领下，工业园区先后引进了 100 万吨螺纹钢项目和年产 60 万吨不锈钢项目。螺纹钢项目已投产，预计年产值超 40 亿元，创税约 1 亿元，解决就业近 800 人；不锈钢项目预计投资 10 亿元，总产值达到 50 亿元，约创税 2 亿元，解决就业人口 500 余人。自 2004 年以来，公司纳税超过 1 亿元。他还热衷公益事业，带头捐款捐物。不仅救助贫困学生，还解决了当地很多农民工的就业问题，树立了良好的社会榜样。

APP 介绍 APP Introduction

《首届中国企业价值传播盛典》访谈内容

——周良如专访

主持人："探访人物故事，传播价值能量"，各位观众，大家好！欢迎来到《首届中国企业价值传播盛典》大型企业家访谈节目，我是主持人冬梅。

本节目是由中国电子商务协会3G发展与应用工程和中国商业电讯共同主办，由新浪等多家权威媒体高度关注和支持。

我们将每期邀请一位商界精英，他们或是公众瞩目的成功人士、或是鲜为人知的行业大咖、或是不甘寂寞的行业新秀，通过深度对话，对他们进行探访和立体式解读，让业内人士真切感受到企业家的个性魅力、新锐理念和商业态度，也让普通受众得到启发。

钢铁工业是世界工业化进程中最具成长性的产业之一，在过去的100多年中，钢铁工业得到了飞速的发展，无论在产值、产品结构，还是工业技术都有了前所未有的提高。进入21世纪，钢铁仍然是人类不可替代的原材料，是衡量一个国家综合国力和工业水平的重要指标。今天我们将讨论的是一个有关钢铁行业的话题。我们有幸邀请到了钢铁行业的引领者、建筑钢材移动垂直搜索平台创建人周良如周总。周总您好！

嘉宾：主持人好，大家好！很高兴来到这里跟大家一起探讨钢铁行业话题。

主持人：近年来，钢铁行业一直在寻求突破，拥抱互联网、发展钢铁电商变成了众多企业的发展重心。那么您是怎么定位这个发展趋势的？

嘉宾：您说的没错。这个发展趋势现在在钢铁圈很普遍；说起定位，我之前很欣赏迈克·波特（Michael E.Porter）的一句话，定位就是根据人心来建立一个轴心，其他都是外围的东西，围绕这个轴心，将其贯穿于方方面面、各个环节。从B2B市场来看，钢铁业是活跃度和成熟度排在第一位的行业，也是一个最大的行业；连工信部都把推进钢铁业电子商务作为重中之重来考虑。所以钢铁行业和互联网相结合这个概念将是一种新的运营模式，也是一种新的产品特性，并且我相信"互联网钢铁"是行业转型升级的必然选择。针对"互联网钢铁"我们也做一个产品，叫建筑钢材移动垂直搜索。

主持人：看来周总对互联网发展很有自己的观点，上面您也提到了一个建筑钢材移动垂直搜索的产品，这是一个怎样的产品，您能帮我们简单介绍一下吗？

嘉宾：好的，这个移动垂直搜索并不是

企业价值传播

传统意义上的通用搜索引擎，建筑钢材移动垂直搜索其实是一个APP软件。这个产品是搜索引擎进步的产物，随着互联网快速发展、通用搜索引擎的信息量不断增大，有时候查询不准确、搜索结果并不是我们想要的，比如以钢材为例，用户使用百度等大型搜索引擎搜索的结果大多数是文章，网站，新闻等；但用垂直搜索来搜索钢材，是被放到了一个钢材行业供求的上下文中，直接搜索到钢材企业及相关钢材信息结果，这样更倾向于客户的直接需求，而且垂直搜索引擎搜索的结果也更为精准，更加针对行业本身。因此，长此以往，钢铁行业的用户会更加青睐建筑钢材垂直搜索。

主持人：您开发这款APP，除了信息搜索精准外，还有哪些优势？

嘉宾：其实开发这款产品，还看重两点。一是它的快速，现在互联网发展势头迅猛，手机成为人们必不可少的应用工具，APP也成为移动广告新载体。建筑钢材移动垂直搜索这项新的技术，更加贴近用户本身，能快速将搜索信息直送达给有需要的用户。二是它的便捷，我们这款垂直搜索引擎服务特色，加强了地域性管理和筛选的功能，因此让用户使用更加便捷，是搜索引擎的延伸和应用细分化，可以看出来现在"终端+应用"双引擎正在驱动中国移动互联网走向繁荣。

主持人：看得出来，移动垂直搜索这个产品真的很贴近行业和用户本身，那您创建这产品的初衷是什么？

嘉宾：我创建这个移动垂直搜索引擎，是看准了这个移动互联网环境，现在APP已经成为互联网向社会生活渗透的一个新兴领域。移动端已经成为服务于社会生活的新方向、新亮点。顺应潮流创建了建筑钢材移动垂直搜索APP，这款产品主要服务于钢材行业的零售商、分销商、批发商、代理商与经销商；以人为本，对广告和用户体验综合调整，面向钢铁行业的用户，让钢铁从业人员在这里进行广告投资，获得收益的概率大，既让广告客户获得广告效益，又让用户获得满意的搜索结果。就是想让钢材行业用户通过这个垂直搜索可以更高效便捷准确地获取钢材商贸信息，达成交易，最终提高钢铁企业效率和效益，这就是我们开发垂直搜索平台的初衷。

主持人：听您这么说，让我对这款产品有了新的认识，那么请问周总，您认为建筑钢材移动垂直搜索对整个行业有哪些帮助？

嘉宾：我认为，互联网时代创造的神奇相信我们都不陌生。就在2015年乌镇召开的世界互联网大会上，很多的互联网行业的精英们都有参加，并取得了很好的效果。虽然钢铁行业属于传统的制造业，但是这不意味着我们就和互联网没有交集。我相信，未来的商业竞争，互联网将成为最不可替代的一个工具。我们开发的这个建筑钢材移动垂直搜索平台，就是顺应信息时代的大变革，为我们钢铁行业的发展创造新的机遇，提供更为广阔、便捷的平台。

主持人： 建筑钢材移动垂直搜索是针对钢铁行业新兴产业模式，据了解现在钢材属于存量市场，有稳定的用户群体，但行业内部竞争也是很激烈，您如何去看待这个产品即将面对的竞争环境？

嘉宾： 现在是整个钢铁行业的冰冻期。所以推出这个产品就更加必要了，2014年，全球经济将在缓慢复苏的基础上继续呈现波动式增长，抛开行业大环境不说，就企业本身来说，要做的东西就很多。首先是调整产品布局。将企业的生产瞄准高端、精品、深加工、差异化，等产品。其次是改变经营理念。此外，要加强队伍建设和技术创新。这个产品也是一样，移动垂直搜索就是为了解除冰冻期，为行业转型升级做准备，将移动互联和钢铁有机的结合，开发新领域，目的就是为了钢铁行业的新发展，无论遇到什么困难，脚踏实地做自己觉得有意义的事情。

主持人： 嗯，周总说得对，好产品不怕卖不出去。现在线下钢铁行业出现产能过剩、资源环境等一系列问题，您觉得移动垂直搜索将迎来哪些机遇与挑战？

嘉宾： 其实严格来说，钢铁的冬天才刚刚开始。这么说好像有些丧气，但是我们仔细观察就不难看出，近几年传统钢铁行业面临的问题还是很严峻的。就像您说的产能过剩、结构不合理、库存积压、价格走低等等困难，这些问题我们都无法回避，也不能回避，但是也不应该看到困难就畏首畏尾。哲学上说，任何事物都是两面性的，巨大的挑战面前一定有巨大的机遇。未来的商业竞争，互联网将成为最不可替代的一个工具。钢铁行业处在这个低谷期，发展都要经历"立"和"破"交替存在的时期，我们开发的这个"建筑钢材"垂直搜索平台，其实这不单纯是一种巨大的挑战也同样是巨大的机遇。能让用户喜欢这款产品，利用垂直搜索，实现创收营利，帮助行业在这个低谷的阵痛中完成优化重组，转型升级，实现行业的进一步发展。

主持人： 您既然做了这款产品，通过与您的沟通了解，您在整个创业中有什么经典案例，能与大家一起分享一下吗？

嘉宾： 哈哈，经典算不上，案例倒是不少。在一个行业里呆久了，这个行业的大大小小的事情总会经历到的。最难忘的还是我们创业初期，也就是2002年时候，我们在极其困难的条件下，创建了这个企业。当时的大环境不好，虽然是钢铁产业飞速发展的好时期，可是当时我们太难了，一穷二白，什么都没有。每天东奔西跑，筹资金，上设备，跑手续，找场地，可谓受尽百般苦。看到了现在企业的规模和效益，就会觉得一切苦都值得。

主持人： 您有了线下的经验和管理模式，那么后期将如何营销垂直搜索这款产品呢？

嘉宾： 产品的营销说白了就是一个产品出售的过程。作为一个钢铁产品来讲，钢铁行业本身的特性决定了企业本身营销的特殊性。但也同时与其他生产行业都存在共通性。那就是在保证你产品质量的前提下，如何打

企业价值传播 | 173

开市场，如何占领市场，如何稳定市场。我觉得在所有营销环节里，服务和诚信是第一位的，没有优质高效的服务，没有让人信服的诚信，再好的产品，再好的营销手段都很难长期的在市场中站住脚。其次是创新的营销理念和营销策略。这也是决定一个钢铁企业产值和效益的重要载体。

主持人： 只有永不言弃，才会获得成功，您也是钢铁行业中的佼佼者了，置身于这个行业，您一路走来，最大的收获是什么？

嘉宾： 一路走来，我觉得最大的收获不外乎一句话。"风雨兼程、无怨无悔"。钢铁行业是一个一天就可以让你爱上，一辈子都让你割舍不下的行业。你看我们一代代钢铁人，舍小家、为大家，把一辈子的青春和理想都耗在了这钢铁行业中。你说为什么？我也说不清楚，就是热爱，就是喜欢，用现在的流行语说，就是任性。如果再选择一次，我想我还是毫不犹豫，能够成为共和国的一名钢铁人，我由衷地感到自豪。

主持人： 责任铸就忠诚，使命造就成功，临近新的一年，周总对钢铁行业和移动垂直搜索有怎样的愿景和期待？

嘉宾： 毫无疑问，这是一个时刻充满挑战的行业。随着国家政策的调整和市场本身的调节，未来将会是钢铁产业互联的发展模式，钢铁它对整个国家的经济支撑、建设支撑作业都是无可替代的。新的一年我希望通过建筑钢材垂直搜索这个产品不断持续发展，尽快让钢铁行业走出困境。其实这样最后也是受益于自己，能帮助钢铁行业加快消化库存积压，实现产品的转型升级，让行业从粗放式发展回归到理性发展，真正实现钢铁行业的精细化管理和行业品牌建立，为国家的经济社会发展贡献力量。

主持人： 听了周总的精彩讲述，让我们都为之震撼，钢铁行业在互联网的大环境下，既要有创新精神，也要有一个吃苦耐劳的精神，靠自己的勤劳为国家经济奉献力量。最后也希望建筑钢材垂直搜索发挥自己的优势，助力建筑钢材，打造钢铁行业新发展！今天的节目就到这里，谢谢大家！

嘉宾： 谢谢主持人，谢谢大家！

赵兰英
掌上医疗垂直搜索引擎创始人

赵兰英，女，汉族，浙江省台州人，丈夫章岩友是章氏骨伤科第七代传承人。章氏骨伤科在公元1823年创建以来，传承七代，历时近200年，成为了中国江南骨伤科的代表流派之一。1997年赵兰英与丈夫建立珠光医院，建院伊始，我国第二任卫生部部长钱信忠亲笔题词："弘扬章氏骨伤，造福人民健康"。2011年珠光医院入选"国家级非物质文化遗产名录"并更名为台州章氏骨伤医院。2015年当国家总理李克强提出"互联网+"时，他们第一时间响应号召，创建了掌上医疗垂直搜索APP。

 **APP 介绍** APP Introduction

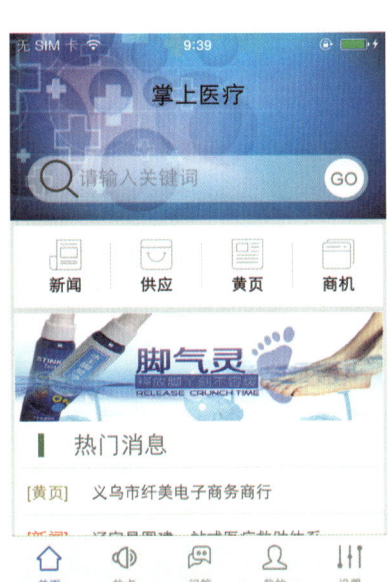

《首届中国企业价值传播盛典》采访内容

—— 赵兰英专访

主持人： "探访人物故事，传播价值能量"，各位观众，大家好！欢迎来到《首届中国企业价值传播盛典》大型企业家访谈节目，我是主持人亚平。

本节目是由中国电子商务协会3G发展与应用工程和中国商业电讯共同主办，由新浪等多家权威媒体高度关注和支持。

中医骨伤科是研究防治人体皮、肉、筋、骨损伤与疾患的一门科学。中医骨伤科历史悠久，源远流长，是中华各族人民长期与骨伤疾患作斗争的经验总结，具有丰富的学术内容和卓著的医疗成就，是祖国医学重要的组成部分，对中华民族的繁衍昌盛和世界医学的发展产生了深远的影响。随着互联网时代的到来，传统医疗行业正在被一点点地冲击着。现有的市场环境，更多的医疗行业经营者，选择了进入移动互联网这个大的浪潮中寻找新的商业机遇。今天做客我们节目的就是掌上医疗垂直搜索引擎创建人：赵兰英。赵总，欢迎您！

嘉宾： 大家好！主持人好！我是掌上医疗行业平台的赵兰英，很高兴在这里和大家见面。

主持人： 您本身从事的就是医疗行业吗？

嘉宾： 是的，我在章氏骨伤医院工作。

主持人： 章氏骨伤医院是一个怎样的医院，您能简单的介绍一下吗？

嘉宾： 台州章氏骨伤医院创建于1997年，是一家以国家级非物质文化遗产章氏骨伤科为特色的国家二级甲等骨伤医院。章氏骨伤科始创于清道光三年，传承七代，历时180余年，在正骨手法、中药内服外敷、杉树皮固定治疗风湿痹痛、骨折筋伤等骨伤疾病独树一帜，是我国骨伤科的重要流派。我们院设有关节外科、脊柱外科、脑外科、手足外科、创伤骨科等科室，其中骨折、断指再植、腰椎间盘突出症、人工关节置换等技术达到国内先进水平。我们医院秉承"仁和清正，精术济世"的核心价值观，坚持中西医互补、科研和医疗结合，不断提高医疗技术和服务质量，将章氏骨伤科发扬光大，造福天下百姓。

主持人： 台州章氏骨伤医院可以说是百年老店了，您也从事这个行业已经很多年了，您对这一行业是怎么看的？

嘉宾： 近年来，"骨外科"在整体及各个专业方面都有了迅猛的发展，但是与西医骨科学的飞速发展相比，中医骨伤科学的发展显得滞后。中医和西医治疗骨关节伤病各有所长，中医骨伤科学具有西医骨科学不可替代的优势。中医特色就是注重整体观念、辨证论治；中医骨伤专科优势就是注重应用手法复位和有利于发挥肢体内在动力、保证功能活动的以夹板为主的外固定方法，注重功能锻炼对功能康复的积极作用。中医骨伤科学的发展首先要立足保持学科特色，发挥学科优势。在科技迅猛发展的今天，中医骨伤科学还必须充分利用一切现代科学技术，大胆进行诊疗技术的改进和学术理论上的创新，要走在科技的前沿，与现代高新技术相结合，使中医骨伤科学现代化。唯有如此，中医骨伤科学才能更快地振兴和繁荣。

主持人：紧跟时代的步伐，改革创新，才能不断完善发展。作为一名医学行业的从业者，您怎么看待互联网的发展？

嘉宾：我一直关注这方面的消息，互联网的普及颠覆了人们的思维方式、生活方式和行为方式，2014年中国移动医疗市场规模达到30亿元。随着移动医疗市场爆发式发展阶段的到来，逐步迎来了移动医疗热的场面。随着经济的发展和社会的进步，在技术创新的引领下，互联网已经深入社会经济生活中的方方面面，正在给人类社会带来深刻、难以想象、超乎意料的变革。互联网增加了我们的宣传效果，增加了我们的知名度，方便让更多的人了解知道我们。

主持人：对于互联网方面，您都做了哪些准备？

嘉宾：随着现代化科技的迅猛发展，如若传统行业依旧循规蹈矩地使用传统经营方式，必定得不到市场的长久生存，想要稳步向上发展，必须时刻跟随时代的发展潮流。近几年，国家倡导和鼓励将使整个互联网及医药行业迎来腾飞发展的机遇，也是一个很偶然的机会，总理也在两会提出"互联网+"的行动计划，我就想到医疗也要站到"互联网+"的风口上。"轻问诊""云医院""未来医院"等伴随这些层出不穷的概念，从中受到启发，和知名互联网公司合作，推出了掌上医疗垂直搜索引擎。互联网医疗正进入并影响人们的生活。

主持人：掌上医疗垂直搜索引擎，您跟我们分享一下这是个怎样的平台，有哪些特色？

嘉宾：好的。让病患恢复健康，造福天下百姓，是我们医生的职责。我的这款掌上医疗垂直搜索引擎提供了比较精准、细化的搜索服务，针对掌上医疗行业进行了精准的品牌词汇定向，并结合移动APP可以提供LBS服务的特色加强了地域性管理和筛选功能。因此使用掌上医疗移动垂直搜索引擎能取得更精准的搜索结果。

1. 中文直达。直达各大知名网站、论坛、联盟站点，数据实时更新，中文直达服务让用户搜索一步到位。

2. 品牌词汇直达网站。商家可以提交自己的搜索词，让客户输入可直接达到我的这个平台，增加商机。

3. 站内直达。直达网站内各频道、栏目，站内直达满足用户在网站的全方位服务。

主持人：您觉得掌上医疗垂直搜索引擎对我们的生活有怎样的帮助？

嘉宾：互联网的普及开创了一个全新的时代，一些新兴的互联网企业乘势崛起。传统行业纷纷摩拳擦掌，争相开拓互联网市场。我也是正是看到了互联网的巨大潜力，顺应趋势，利用互联网来聚合线下资源，开拓线上市场，拓宽经营渠道，进一步占据市场份额。

不管技术手段如何进步，我的掌上医疗垂直搜索引擎本质跟线下医疗一样，是解除或缓解患者的病痛，维护和促进大众的健康。希望通过掌上医疗垂直搜索引擎首先给大家带来的是信息丰富，但这是双刃剑，信息鱼龙混杂的话，反而不利于患者和家属决策。其次是便捷，主要针对一些特定人群和特定疾病。最后，也有可能节约成本，通过信息互联互通，控制不必要的费用。

主持人：从您的话语中我们能够解读到您对医疗行业由衷的热爱，赵总现在也拥有了医疗垂直搜索引擎，后期打算如何运营呢？

嘉宾：与互联网公司合作，创办医疗垂直搜索引擎，也是经历了很多磨难，医疗行业已经深深感受到电子商务浪潮带来的压力，只有紧跟时代发展的步伐，才能在行业中稳固生存。一个平台的发展并不是一蹴而就的，而是需要经历许多不同的阶段，医疗垂直搜索引擎进行数据的跟踪，特别是在中后期，从细微的数据就可以看出网络平台给用户带来的各种影响。一个平台的发展，要想获得更多流量，获得更多用户的访问和认可，需要让他们从心理上认可你的平台。利用消费心理塑造口碑营销，利用推广对象的口碑传播加速医疗垂直搜索引擎平台的推广，达到更广泛和更深入的营销效果，医疗垂直搜索引擎的路途还是任重而道远。

主持人：互联网开启了很多人的梦想，很多传统行业的企业家通过互联网实现了自己的人生梦，您对于医疗垂直搜索引擎未来发展有怎样的梦想或者说期待呢？

嘉宾：就我本人而言，医药有着特殊的含义，未来我的医药网集丰富多彩的医、药、病、保健、养生、预防资讯；网上诊病、开方、购药；拉近距离、节省时间、节省金钱、节省劳力、提高工作效率。上网寻医问药，只是互联网医疗很小的一部分。希望未来有一天，当你感觉身体不适，你打开手机的健康软件，从中选择靠近住所的一家医院在线完成医生预约。在预约的时间内，你在医院接受医生的诊断和治疗。这一切完成后，你康复如初。最后，别忘记，在健康软件上写上你对这次服务的评价。看起来，这一环节和一次就餐的过程极其类似。不同的是，这次你评价的不是餐厅的菜色搭配，而是治疗效果，你也许会因为医生态度亲切而多给一颗星。

主持人：悬壶济世，造福天下百姓，在节目的最后您能给正在创业的年轻人一些什么忠告？

嘉宾：现在的年轻人思路活泛，思想新颖，只要踏踏实实做事，总会有自己的一片天地。我呢，和这些年轻人一样，都在实现目标的道路上奋力前行。我想说的是，在遭遇困难和挫折想要放弃的时候，再咬咬牙，再坚持一点，有时候，成功与失败，真的只有这一点之差。我们一起加油！

主持人：再长的路，一步步也能走完，再短的路，不迈开双脚也无法到达。我们要脚踏实地地去做每一件事。非常感谢赵总的无私分享。我们也祝愿赵总的事业越做越强。本期的精彩就到这里，我们下期再会。

嘉宾：谢谢主持人，谢谢大家！

钟乾庚
东莞宏易电子有限公司执行董事，童装时尚垂直搜索创始人

  钟乾庚，1947年出生于中国台湾。具有四十多年的电子行业工作经验，先后从事于贸易代理商，电子音响生产等行业。1997年加入东莞宏易电子有限公司，并担任公司执行董事职位。2010年开始接触互联网，2014和互联网公司合作创建了童装时尚垂直搜索平台，正式进军互联网领域。

 **APP 介绍** APP Introduction

《首届中国企业价值传播盛典》采访内容

—— 钟乾庚专访

主持人:"探访人物故事,传播价值能量",各位观众大家好,欢迎收看《首届中国企业价值传播盛典》大型企业家访谈节目,我是主持人亚平。

本节目是由中国电子商务协会 3G 发展与应用工程和中国商业电讯共同主办,由新浪等多家权威媒体高度关注和支持。

互联网、移动互联网是每一个企业不可漠视的发展方向,它们的到来给我们传统的行业创造了无限的新商机,也成就了很多创业的机会。互联网构建了一种新的商业模式,童装行业为了寻求更广阔的发展天空,用新的思维模式创建了新的营销模式。今天我们就邀请到了东莞鸿毅电子有限公司执行董事,以及童装时尚垂直搜索创始人钟乾庚钟总,欢迎您钟总。

嘉宾:主持人好,大家好,我是东莞鸿毅电子有限公司的执行董事。

主持人:据了解钟总您的公司是创业在台湾,但是发展在广东,对吗?

嘉宾:是的。

主持人:您是八九十年代创业的老前辈了,能不能跟我们讲讲为什么当时台湾经济发展得那么好,却来大陆发展了呢?

嘉宾:八九十年代的时候,台湾的工资上涨迅速,很多产业为了降低成本,就纷纷从台湾外移到工资比较低的地方。后来我们经过评估以后,选择在大陆来设厂。因为大陆人力充沛,那个时候的工资也相对较低,然后同文同宗,讲话各方面沟通很容易,也便于管理,所以就选择到大陆来设了新厂。

主持人:来大陆发展应该有遇到过很多的困难,您是怎么克服这些困难的呢?

嘉宾:刚刚来的时候各种交通也不方便,人员素质也不是很高,所以我们尽力去培训很多的人才。然后跟厂商,跟客户有密切的配合,开发一些新产品,经历了一段比较艰辛的时间,之后公司才慢慢走向正轨。

主持人:其实您是白手起家的吗?

嘉宾:我是农家子弟,所以做任何企业,我们都是白手起家的。

主持人:钟总,您看您的企业现在发展得这么好,那有没有想过企业有一些新的突破,或者是创新呢?

嘉宾:企业的创新永远都需要的,如果没有创新的话,业绩自然就会衰退。

主持人： 其实就是我们要永远地跟着我们时代的步伐往前走？

嘉宾： 没错，一定要跟着时代，而且你要最好能够走在时代的前端。

主持人： 那您有没有想过，以后我们这个企业将如何发展？有没有一个很好的定位？

嘉宾： 现在的电子公司，每年都有新产品开发出来，所以前几年我们企业开发了新产品，曾经在美国消费电子市场里面获得相当好的评价。

主持人： 在美国？

嘉宾： 对，相当好的评论，所以我们业绩就从那一年开始，每年都是二、三十"percent"的在增长。

主持人： 那发展相当稳定了。

嘉宾： 是，是的。

主持人： 钟总，您一直都是从事电子行业，为什么突然间选择了做童装呢，中间的跨度那么大？

嘉宾： 是的，有些事情因缘际会，在2010年8月2号，我受邀去参加互联网行销推广的说明会。

主持人： 2010年的互联网。

嘉宾： 对，2010年，2010年8月2日，我记得非常清楚。因为那一天正好是我孙女周岁的生日，在那个说明会，听到他们讲到有关于手机上网的一个趋势，我也认同了，将来手机上网势必会非常普遍。所以我当时就决定要开发和童装相关的互联网平台，后来有好多家互联网公司找我洽谈合作，最后我选择了北京一家知名公司合作开发了童装时尚垂直搜索引擎。

主持人： 那这个童装时尚垂直搜索到底是怎么样的一个平台呢？

嘉宾： 童装时尚垂直搜索引擎，有别于其他的搜索引擎，主要强调童装行业的垂直化搜索，让用户、厂商能够快速、精准地搜索到他所需要结果。同时，可以利用手机移动端的LBS功能对用户及商家进行地域性的管理。

主持人： 地域性管理。

嘉宾： 地域性的管理，就是中国这么大，无论你在北方，还是在南方，都可以利用这个垂直搜索找到同城的资讯，这个平台特点是有别于其他的搜索引擎的。

主持人： 您有没有想过以后为自己的孙女设计一件衣服呢？

嘉宾： 我本来对童装是外行的，做了这个童装垂直搜索引擎以后，我相信我会更深入的了解童装这个行业，当然，为自己的孙女设计和挑选漂亮衣服是更自然的事情。

主持人： 我相信其实这么一个有爱的品牌，一定会很快的被大家所接受的。

嘉宾： 谢谢。

主持人： 您对童装时尚垂直搜索未来的三到五年，有没有什么发展规划？

嘉宾： 童装时尚垂直搜索创办在北京，我希望在三到五年以内，遍布到全国一线、二线、三线的城市，并建立连锁的销售据点。

主持人：您看您有丰富的人生阅历，能不能给我们现在正在创业的年轻人一些好的建议呢？

嘉宾：我认为现在年轻人，最主要还是要勇于研究开发。

主持人：研究开发。

嘉宾：研究开发，因为你不能一直抱着原来的东西，你一定会过时的，因为社会是向前发展的，事物都是有变化的，一定要研究开发，你的未来才会一片光明。

主持人：就是永远站在我们时代的前端才能引领时代。

嘉宾：对，没有错。

主持人：非常感谢钟总的精彩分享，未来将是一个创新智能化的时代，相信钟总所创办的童装时尚垂直搜索，也一定会越办越好。童装拥抱互联网，引领行业新风尚，今天的节目就到这里，我们下期节目再会。

嘉宾：谢谢主持人，谢谢大家。

赵曲华

哈尔滨康恩润环保技术开发有限公司总经理
环保水处理平台创始人

赵曲华，女，出生于1963年5月，毕业于东北财经大学，现任哈尔滨康恩润环保技术开发有限公司总经理，是各类生活用水、特种用水、纯净水等水处理工程专家。

个人名言：学习中成长，成长中发展。

哈尔滨康恩润环保技术开发有限公司，是集科、工、贸于一体的高新技术企业，是国家电力建设研究所驻东北地区唯一总代理。公司现有职工80人，其中90%以上具有大专以上学历，高级工程师7人、工程师15人、助理工程师20人。公司于2004年取得了黑龙江省环境保护局、黑龙江省建设厅联合颁发的"专项工程设计证书"，具备大型水处理设备加工制造能力。自公司成立以来，完成多项地下水除铁、除锰、除氟化物及纯净水工程。公司的服务宗旨为：治理环境污染及资源再利用。

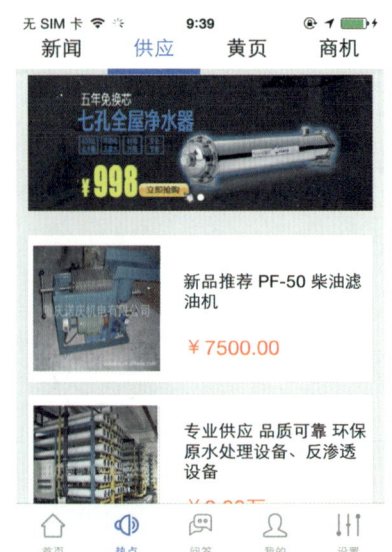

《首届中国企业价值传播盛典》访谈内容
——赵曲华专访

主持人："探访人物故事，传播价值能量"，各位观众，大家好！欢迎来到《首届中国企业价值传播盛典》大型企业家访谈节目，我是主持人亚平。

本节目是由中国电子商务协会3G发展与应用工程和中国商业电讯共同主办，由新浪等多家权威媒体高度关注和支持。

在全球淡水资源短缺，且地区分布不平衡的因素影响下，水对我们来说，似乎越来越宝贵。无论是工业上，还是生活中，处处都离不开水资源。那么，在面对现在水资源匮乏的形势下，我们又该如何保护好这些珍贵的水资源？今天我们非常荣幸地邀请到了一位环保行业的资深专家，哈尔滨康恩润环保技术开发有限公司总经理，同时也是环保水处理平台创建人赵曲华赵总，做客节目现场。赵总，您好！

嘉宾：大家好！主持人好！

主持人：赵总，谈到水资源这个话题，您有什么个人见解？

嘉宾：我国本身就是一个严重缺水的国家。海河、辽河、淮河、黄河、松花江、长江和珠江7大江河水系，均受到不同程度的污染。目前我国的大量淡水资源集中在南方，北方淡水资源只有南方水资源的1/4。除了缺水，水污染问题也较突出。工业废水、生活废水等等都对水资源造成了不同程度上的污染。

主持人：您是出于什么原因开始从事环保水处理这个行业的？

嘉宾：一开始是好奇，后来顺其自然。在做这项工作后也逐渐加强了环保的意识，同时也希望为社会做出一些贡献。

主持人：您的企业至今成立多长时间？所面对的是哪些群体？

嘉宾：我们公司成立大概有十几年了，从2003年至今，所面对的客户有药业、工厂、生活等一些水的处理。其中，主要运作的是纯净水处理，和污水处理。

主持人：针对于目前大气污染、水污染等环境污染问题，您是如何看待的？

嘉宾：目前是有个别区域时常出现水污染情况，原因不同，问题也不一样。现在政府非常重视大气污染和水污染对生活环境的影响。如果生活水不能达到饮用标准，那么，对人身体将有不同程度的伤害。

主持人：您认为，我国目前的水质如何？

嘉宾：目前来看，全国的主要区域大部分城乡的水质在政府的支持下都在做水处理环节，因此，大多数人都能喝到水质达标的自来水。

主持人：贵公司处理后的水，质量达到什么样的标准视为合格？

嘉宾：我们对于水质的要求一定是按照国家要求的标准去实施，绝不弄虚作假。

主持人：对于您这项环保事业，您除了通过传统的线下经营方式去处理污染水域，是否也考虑通过更加科学的方式去将这份事业更加广阔地传播出去？

嘉宾：我在2006年就创建了互联网平台，以前没有线上沟通等方式与合作商联络，也没有比较好的传播途径，后来"互联网+"的出现促使我参与到互联网的大环境中，也希望通过与互联网的结合，能够使线上线下取得一定的成绩。

主持人：我们都知道在今年的两会上，李克强总理提到的"互联网+"的概念，您认为通过与互联网的结合，怎样才能有效地提高环保水处理效果？

嘉宾：我认为，通过与互联网的结合，我们的合作项目会越来越多，而且可以在线谈业务。网上交易市场对我的帮助很大。

主持人：同行业之间面临一个怎样的竞争格局？

嘉宾：其实同行业的竞争是很正常的，虽然有过不正当手段，但却被及时制止，依然能保持良好的竞争环境。

主持人：对于互联网的发展您有何看法？是否已经有所行动？

嘉宾：我非常看好互联网平台，并且也参与互联网的发展，创建了垂直搜索平台。

主持人：在平台的经营发展方面，您是如何规划的？

嘉宾：我们环保水处理平台是一个面向环保水行业的有针对性的垂直搜索平台，它提供了精准、细化的搜索服务，针对环保水处理行业进行了精准的品牌词汇定向，并结合移动APP可以提供定位服务的特色加强了地域性管理和筛选功能，因此使用环保水处理移动垂直搜索引擎能获得更精准的搜索结果。

同时，我将积极努力做好平台的运营工作，将平台打造的更好，更完善。

主持人：在这个行业打拼了这么长的时间，肯定会遇到各种各样的问题，能否跟我们分享一下，对于这些问题，您又是如何解决的？

嘉宾：环保水处理行业要求很严格，不可有半点疏忽。要说遇到问题，那就是与甲方的合作部分会时常出现的，我们的进度不同，会出现工作衔接上的问题，我们都会用最好的方法去解决。还有一点，就是甲方不能及时支付设备资金，这也会影响到污水处理的整体进度。

主持人：您认为在企业经营方面最为重要的是什么？

嘉宾：团队的思想和团队的精神，同时也要重视经营理念，不断完善技术，提高技

术能力和整体素质。

主持人：在未来，您将如何应对类似于互联网等新兴产业所带来的机遇和挑战？

嘉宾：在未来，中国的国门将向世界全面敞开，这意味着我们每个行业都要面临着冲击。我觉得守好企业，坚定不移地利用好本国资源政策，发展自己的平台走自己的路。

主持人：对于未来的发展，您有一个什么样的目标？

嘉宾：对于将来的发展，我们会在提高技术的同时，也努力提高职工的整体素质，大家一起携手促进企业与互联网平台共同发展。

主持人：通过今天与赵总的谈话，让我深刻地意识到水对于我们生活的宝贵程度，那么对于未来，我们更应加强保护水资源的意识，加大保护水环境力度，从自身做起，从小事做起。同时也非常感谢有像赵总这样的环保企业家在保护着我们赖以生存的地球，让我们可以用到放心、安心的饮用水！

那么，本期的精彩就到这里，我们下期再会！

嘉宾：谢谢主持人，谢谢大家！

章启奎
上海市申燕建筑工程有限公司董事长，中国特色旅游网创始人

　　章启奎，男，出生于1962年，安徽省全椒县人，2003年9月至2006年6月修完中国人民解放军炮兵学院建筑工程专业全部课程，获军队成人教育学历证书。2012年成立了上海市申燕建筑工程有限公司并承接了中国人民解放军园沙休养所的扩建工程。公司于2014年荣获学尔森教育、国际建筑协会、亚太房地产协会、亚洲中国管理专业学会颁发的人力资源管理贡献奖。2014年工作重心从传统行业转变到互联网行业，并成功创办中国特色旅游网。

网站介绍 Website Introduction

中国特色旅游网

　　中国特色旅游网（zgtslyw.wap.cn）将借助"互联网+"在线旅游新形态产生的新商业模式给用户带来优质服务体验，赢得消费者的青睐，获得更多的流量入口和广泛的客户基础。注重特色两个字是中国特色旅游网对传统常规旅游形式的一种发展和深化，因此是一种更高形式的特色旅游活动产品。1.产品丰富：精选出性价比高的优质线路，组成丰富的产品线，满足消费者国内外出游需求。2.性价比高：同类产品选择中国特色旅游网更实惠，有数百位专业的旅游顾问帮大家筛选出市场上高性价比的旅游产品。3.省心便捷：点击鼠标或打个电话即可出行，专业的呼叫中心和资深旅行顾问为消费者提供便捷贴心的服务。4.量身定制：专业旅游顾问团，丰富的产品线，满足量身定制的个性化需求。5.双重保障：售中、售后跟踪服务以及质检，旅途中出现任何质量问题都可以维权到底，使消费者的权益得到切实保障，选择中国特色旅游网，大家的出游便有了双重保障。

《首届中国企业价值传播盛典》采访内容

——章启奎专访

主持人："探访人物故事，传播价值能量"，各位观众，大家好！欢迎来到《首届中国企业价值传播盛典》大型企业家访谈节目，我是主持人亚平。

本节目是由中国电子商务协会3G发展与应用工程和中国商业电讯共同主办，由新浪等多家权威媒体高度关注和支持。

目前，全球旅游业仍在快速发展，尤其是在线旅游市场的扩展速度，已经逐渐朝主流业态挺进。今天做客我们节目的嘉宾：章启奎，章总是一位传统行业企业家，面对互联网的冲击压力，他开始依托互联网思维进行转型。创办中国特色旅游网。章总，您好！欢迎您做客我们的节目！

嘉宾：主持人好，大家好！我是中国特色旅游网的章启奎！

主持人：时代变迁，"互联网+"时代不断演变发展，网民不断增加，使得各行各业都纷纷加入互联网产业中来，章总您怎么理解这个"互联网+"的？

嘉宾："互联网+"是一个趋势，加的是传统的各行各业。过去十几年，互联网的发展很清楚地显示了这一点：加媒体产生网络媒体，对传统媒体影响很大；加娱乐产生网络游戏；加零售产生电子商务，"互联网+"将改变着我们的生产、工作、生活方式，并给当今中国经济社会的发展带来了无限的机遇。

主持人：面对这个转变，您怎么看待未来互联网发展趋势？

嘉宾：互联网是未来的趋势，用一句名人的话讲：企业现在不做电子商务以后你将无商可务。互联网带动电子商务大大提高了交易速度，企业、商家可充分利用电子商务提供的互联网基础设施、如：支付平台、安全平台、管理平台等，这样传统行业可以共享资源有效地、低成本地开展自己的商业活动。现在B2B（企业对企业）、B2C（企业对用户）以及C2C（用户到用户）、O2O(线上到线下)等应用环境不断推广，这块市场一定会很有发展。

主持人：看来您很看好互联网，那对于发展互联网这方面，您都做了哪些准备？

嘉宾：2014年8月公司借助国家对移动互联网的大力支持和传统企业转型的东风上海市申燕建筑工程有限公司斥资数百万元打造了中国特色旅游网，拥有中国特色旅游网无线网址、通用网址、APP客户端等线上资源。公司希望通过这期节目访谈，让大家去了解中国特色旅游网的发展优势和特色，让大家去感受中国特色旅游网给予人们的最佳的在线旅游预订服务体验。公司今年将借助"互联网+"的热潮，通过线上、线下推广渠道加大中国特色旅游网的推广，进一步完善中国特色旅游网平台的建设。公司将通过一些互联网峰会与同行创业者、企业家、投资人分享、交流项目的发展，促进项目后期的投资工作。

主持人：您上面提到了想让大家去了解中国特色旅游网，那您能否简单介绍一下中国特色旅游网？

嘉宾：好的。中国特色旅游网平台，斥资数百万元专业打造，是针对旅游行业的专业网站。在这里，你可以发布和接收最新的旅游信息，不受限制。更有前瞻性，更有预见性，内容更丰富、数据更新更快、平台功能更齐全、更完善。

我概括为三点吧：

一是网站分类明确，将海量的旅游信息分门别类，更便于用户查找；

二是网站结构合理，每一个页面都有明确的导航指向，更有利于用户的浏览体验；

三是网站内容丰富，将旅游信息整合，有针对性的提供休闲娱乐、探亲访友或商务出行所需信息，并且满足用户出行中的更多资讯需求。

以上三点，我认为是我们中国特色旅游网的优势所在。

主持人：现在旅游市场的网站巨头很多，您怎么看待这样的一个竞争环境？

嘉宾：没错，旅游市场被携程、去哪儿、阿里去啊、同程、途牛等巨头分割。OTA（在线旅游预订）市场竞争激烈。巨大的竞争下才有机遇，中国特色旅游网会依据自身的优势、通过各大推广渠道做出平台的知名度、影响力，吸引更多的用户使用，通过这个平台让用户尽情享受特色旅游带来的优质服务体验。抢占当前被巨头分割的OTA市场，打破OTA市场的竞争格局。

主持人：那么对于网站今后发展，您认为还有哪些地方需要完善？

嘉宾：在可以预见的3-5年内，在资本的推动下，在线旅游行业的阵营将更加清晰，竞争亦将更加激烈。中国特色旅游网未来需要做几件事以获得更大的发展潜力：

一是继续直采资源，优化产品与供应链，以加强对线下资源的掌控从而提供更符合用户需求的一手产品；

二是渠道下沉，做区域拓展，深入三四线城市，继续抓取第一次出境游的潜在客户；

三是提升用户体验和品牌。中国特色旅游网对旅游业的改造也刚刚开始，但不管怎样争夺OTA市场，消费者关心的是最好的服务、最好的体验。最优惠的价格，能带给老百姓最大方便，质优价廉的产品和服务永远都有生命力。

主持人：对于网站未来发展有怎样的期待？

嘉宾：商业模式都没有问题，关键在于谁能跑得更快。对于线上而言，跑得更快就意味着服务、资源的尽快落地，比如先前携程、途牛开设线下门店、直采资源，比如携程收购华北大型批发商华远旅游。对于线下而言，除了尽快地铺设零售O2O的渠道外，也需要通过更多其它的产品和服务来黏住消费者、提升用户的贡献值，比如游学、换汇和移民服务等。

主持人：一路走来，您个人有什么样的领悟？

嘉宾：互联网时代给了我们创业者一个巨大的机会，过去我们创业需要很大的资金，现在三五个人就可以成立一个创业工作室。谈起现在的全民创业创新热潮，我不禁感叹，我们也不能盲目地去创业。现在国内有50万个APP，但真正能用的也就100来个，这意味着创业成功率只有五千分之一。我们不能被创业成功者的光环冲昏了头脑，有一点想法就创业，还是要谨慎一点。我们模仿别人创业成功率不大，比如一个O2O的APP，一查网上已经有100多个类似的了，这么拥挤的市场就没有太多的机会。不过我认为，移动互联网还是最好的创业方向，互联网的核心就是把那些不合理的、低效率的部分去掉，你只要找到它们就有可能成功。

在此，我向互联网创业者提出三点建议：第一大方向是移动互联网；第二帮助别人提高效率；第三是区域性垂直化创业方向。比如成都人爱打麻将，我们办一个打麻将的O2O平台，叫成都棋牌，就足够了。未来电商趋势是区域电商垂直电商，我专门做旅游的电商就有机会。这个时代赋予了创业者太多机会就像我这样，我已经过52岁了，照样还是可以创业。所以创业真的不分前后，不分时间，只要你准备好了，我们每一位都可以成为一个创业者。

主持人：说得真好，创业不分前后，不分时间，只要你准备好，就有机会。"互联网+"对于传统企业的发展与推进是毋庸置疑的。节目最后非常感谢章总的无私分享，章总丰富的从业经验和独到的目光见解也都非常值得我们去学习！最后也祝愿章总的中国特色旅游网越做越好！更上一层楼！

本期的精彩节目就到这里，我们下期再会！

嘉宾：谢谢主持人，谢谢大家！

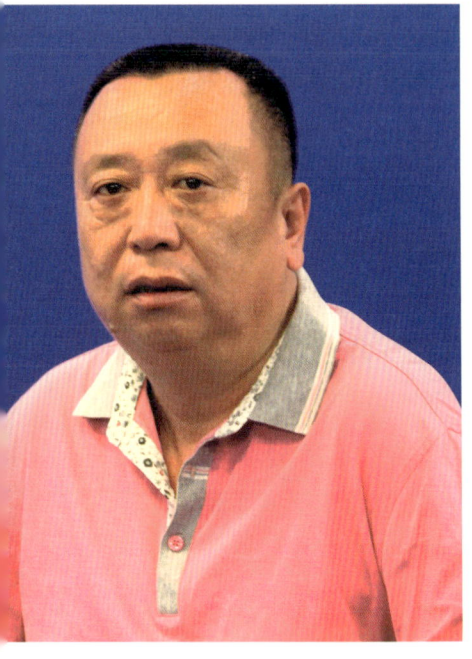

张晓光
家禽养殖垂直搜索引擎创始人

　　张晓光，男，汉族，吉林长春人，畜牧业资深专家，与吉林大学农牧学院合作，培育了克隆肉牛及新型转基因奶牛。其经营的农场是以繁殖仔牛为主，饲养肉食牛为辅。2015年张晓光先生借助互联网之东风，成功创办家禽养殖垂直搜索引擎。

 **APP 介绍** APP Introduction

《首届中国企业价值传播盛典》采访内容

—— 张晓光专访

主持人:"探访人物故事,传播价值能量",各位观众,大家好!欢迎来到《首届中国企业价值传播盛典》大型企业家访谈节目,我是主持人亚平。

本节目是由中国电子商务协会 3G 发展与应用工程和中国商业电讯共同主办,由新浪等多家权威媒体高度关注和支持。

养殖业作为国家的一项重要支柱产业,一直以来,都在致力于寻求最优质的土壤、水源,来饲养牲畜,为消费者提供高质量的放心生鲜。同样,伴随着交通物流的便利,以及互联网的快速发展,我们可以通过网络将最新鲜、最安全、最放心的肉食产品速运到千家万户。那么,我们本期的做客嘉宾就是养殖行业内的一位资深专家,今天就让他带领我们一同去了解一下养殖领域。欢迎家禽养殖平台创建人张晓光张总,光临节目现场,张总您好!

嘉宾:主持人好!大家好!

主持人:张总,平时在逛超市的时候,我发现同等或者同类肉的价格是不一样的,参差不齐的,这跟它的品种有关系吗?

嘉宾:关系太大了,品种是一方面,更多的是它有很多的区别。比如说,僵尸肉、还有病肉,和咱们的正常流入市场的肉它的价格是绝对不一样的。

主持人:平时的时候,我们能肉眼分辨出来哪个肉好哪个肉坏吗?

嘉宾:因为有一些不好的肉都是经过处理的,放一些化学原料后流入到市场,肉眼是看不出来的。

主持人:您主要养殖的是哪些品种呢?

嘉宾:我主要是养牛,繁殖仔牛为主,供应肉食牛为辅,土话叫育肥牛。同时呢,我们跟吉林大学农牧学院也合作研发了一种叫克隆转基因奶牛,现在已经初见成效。目前已经出来五六头母牛,现还在继续研究。

主持人:什么时候我们能见到这个成果呢?

嘉宾:这个研究的过程比较繁琐,因此得五到八年才能产生真正的效果。但是最终这个项目为大家带来的牛奶,营养价值要比如今的牛奶高出 10 倍左右。

主持人:那一般克隆转基因奶牛要多久才能投入市场呢?

嘉宾:一般 5 到 8 年。

主持人:为什么时间要那么长呢? 5-8 年。

嘉宾:这个东西就是一个改良换代的过程,现在市场上看到的黑白花牛,也是通过十几年转化，转基因才能出现。

主持人：我们现在企业的规模怎么样？

嘉宾：企业的规模，现在和当初比肯定是不一样的。养牛它说起来简单，实际做起来也是一门学问。我们也是通过几年的摸索，不断到各个单位或兽医咨询处学习，才取得了现在的成绩。当初我们也就只有8头牛，而现在发展年产值能达到300多万，牛舍有1000多平。仓库堆草料的地方有4000多平，有一个办公楼，还有30多位员工。

主持人：一个大农场？

嘉宾：还算不上大农场，暂且说这是一个养殖场吧。

主持人：那您农场里的这些牛主要会运输或者说供应到哪里呢？

嘉宾：这个要分是母牛、小公牛还是牛崽儿。5-8个月的，卖给客户，他们是以饲养为主。小公牛，我们会把它育肥，拿到市场上销售。最后一部分，是供应到屠宰场，比如：有资质的屠宰、大型的屠宰场、个人的屠宰场以及供应商店等。

主持人：在企业发展过程中有没有面临哪些很棘手的问题？

嘉宾：棘手的问题还是很多的，因为过去和现在的屠宰场还是有很大的区别。企业在发展过程中一定会有困难存在，不过现在我们也在做积极的调整，我坚信成功就是要战胜一个又一个的困难。

主持人：您平时是通过什么样的方式，把您的这个大农场给推广出去的呢？

嘉宾：我们都知道互联网非常便捷，传播速度非常快，受关注度也很高，因此我将我的农场也放在了互联网上进行推广，同时创建了一个网上平台——中国养殖资讯门户。

主持人：嗯，一个门户网站。

嘉宾：现在我又与知名互联网公司合作创建了家禽养殖垂直搜索平台，宣传我们企业的产品，也希望为大家带来更多的优惠。

主持人：能不能具体地给我们介绍一下您的这个搜索？

嘉宾：创建这个平台主要是为了更好的向大家展示我的企业，好质量的产品不怕检验。

同时，我也希望有更多的养殖同行加入进来，共同宣传自己的产品，咱们一起努力，争取把国家养殖业壮大起来。

主持人：嗯，您的这个平台应该不是只有养牛用户可以加入吧？

嘉宾：对，所有家禽养殖的都可以使用这款家禽养殖垂直搜索。

主持人：您对平台未来的发展有没有做出哪些具体的规划？

嘉宾：用专业的团队完善平台，使更多的人加入进来。

主持人：但是据我所了解啊，传统行业的人应该很难接受这种创新的推广方式，我觉得养殖行业应该也不例外吧？

嘉宾：你说的完全正确，养殖行业这么多年，都在小打小闹，你知道吗？现在就是你想成规模，老百姓的传统思想也已经根深蒂固了，要想打破这种传统思想，我们必须

让他们看到实际成果。例如在平台上让大家了解到在牛的怀胎，出生，培养，孕育当中，都重重把关，对草料、饲料进行严格审查，让大家知道哪怕是大规模生产也可以让牛的质量经得起考验。

主持人：养殖业所在地基本上应该都在农村，或者城市郊区吧？

嘉宾：对。

主持人：所以说，您推广这种平台，或者说门户网站，应该不是那么容易吧？

嘉宾：现在你提到这个门户网站，实际上推广也给我们带来很多的挑战，因为现在农村有大部分人，对互联网还是一种概念，究竟要怎么去使用，也不是很了解。所以，后来就想到要扩大宣传面进行推广，并组建团队开发运营这个平台。

主持人：其实也是需要更多的年轻的人加入进来，因为现在从事养殖业的工作人员以四五十岁居多，甚至会有年纪更大一些的人。

嘉宾：现在年轻人，对于养殖行业没有兴趣，而且这个行业回款周期比较长，至少你要养一年才能看到资金回报，一天还要一日三餐的来照顾它。所以说，年轻人更愿意找资金回报快的工作，这就是观念上的差异。

主持人：有些年轻人可能是觉得养牛太简单了，没有技术含量，您认同他们的观点吗？

嘉宾：我不认同，说是简单，好像只是让它们吃饱就好了，其实不是这么回事。不管是养牛，养鸡、养鸭、养狗、养猪都是需要技术含量的。就拿我们农场来说，当初10头牛，有8头都生病了，如果这些牛没有得到及时的治疗就会死掉，一头母牛是一万，8头就是八万块，损失是很严重的。所以养殖也必须讲究科学，牛也跟人类是一样的，会发烧、感冒，吃不好也会不舒服。所以说养殖看起来非常简单，实际上操作起来非常难。

主持人：也是一个技术活。

嘉宾：用科学讲，是。

主持人：在您看来，一个企业要想发展壮大最需要注意哪些方面？

嘉宾：任何企业要发展有两条必不可少，第一过硬的质量，第二良好的信誉，这是我们企业发展的硬道理。

主持人：嗯，把握这两点会更容易得到消费者的信赖，而这个信赖也终将会转化为企业的财富。

嘉宾：这是一定的。

主持人：对于我们企业未来有没有什么目标或者是计划？

嘉宾：对于我们这个企业，想法是很好，就是看看时间和人脉了。线上，积极完善，努力推广；线下鼓励大家实体考察，眼见为实，要做我们就做让老百姓都能放心的事。

主持人：还是吃上放心肉，这是硬道理。与同行业相比，您觉得，我们的竞争优势在哪里，或者说我们同行业之间面临着一个怎样的竞争格局。

嘉宾：这个竞争格局可以这么说，现在这个行业竞争相当激烈，每个人都说自己的好，怎么证明呢？现在养牛是按品种分门别类，系统化的养的，更加专业。我是从创新、从质量上取胜的。

主持人： 也比较有规模化。

嘉宾： 大家也开始认同，所以说在竞争上，现在我们已经走出这个逆境了。大家比较认同，口碑，还是不错的。

主持人： 这些分享太宝贵了，都是您战胜困难后的总结，有没有一些人生感悟能和我们分享一下。

嘉宾： 说起来感悟是非常深的，简单说一说吧。从养殖到现在，也历尽千辛万苦啊，有说不完的话，现在回头想的时候啊，可能说唠三天三宿也唠不完。这确实是很不容易做的一件事，虽然取得点成绩，但是离咱的奋斗目标还有差距。

主持人： 嗯，还是要继续努力。

嘉宾： 对。

主持人： 其实就是我们永远都要有一个前进的方向，在我们看来您已经非常优秀了，但是学无止境，我们要做的是好上加好。

嘉宾： 应该是。

主持人： 随着人们生活条件的不断改善，我们对品质、健康的生活要求也越来越高，食品安全问题，更是我们当前十分看重的一个话题。吃的放心，用的健康，这些保障似乎离不开每一位良心养殖厂商的辛勤栽培。非常感谢张总今天的分享，在这里，我们也祝愿张总的企业能越做越大，为市场增添更多优质的放心肉食产品。

本期的精彩就到这里，我们下期再会！

嘉宾： 谢谢主持人，谢谢大家！

庄霞红
悦珠宝网站创始人

庄霞红，1970年出生，张家港人。2004年以前一直从事教育行业，2004年开始创业，先后从事过钢材贸易行业，珠宝行业。出于对珠宝的喜爱，后期一直从事珠宝行业，并于2012年创办了"悦珠宝"实体店。2014年进入互联网领域，创建了"悦珠宝网"平台，希望在网上平台上可以为消费者展示更多的珠宝品牌。

网站介绍 Website Introduction

悦珠宝网（www.zb1688.net）作为珠宝行业在互联网领域的新起之秀，通过网络完成了品牌与客户的直接对接，摆脱了实体店的地域限制，给珠宝商、设计师提供了更大的展示平台。在这里客户可以看到更多的珠宝品牌、设计、成品，甚至可以与设计师面对面地交流，进行私人定制，选择的空间更大。悦珠宝网严格把控上游资源，除了审核公司资料外，会为客户提供实体店体验，看货，同时也计划引险投资，以便更好的做市场推广，服务更多的客户。未来该平台将会采用更多互联网营销模式，开通微信、微博营销、在线支付等功能，提升客户体验，增强互动性。悦珠宝网发展不求快只求稳，循序渐进，以品质赢得大家的认可、信任。

《首届中国企业价值传播盛典》采访内容

——庄霞红专访

主持人："探访人物故事，传播价值能量"，各位观众大家好，欢迎收看《首届中国企业价值传播盛典》，大型企业家访谈节目，我是主持人亚平。

本节目是由中国电子商务协会 3G 发展与应用工程和中国商业电讯共同主办，由新浪等多家权威媒体高度关注和支持。

互联网经过这十几年的发展早已深入人心，大家已经习惯和信任互联网，这对于珠宝行业是一个很好的发展机遇。之前大家超过千元的东西都不敢在网上买。现在大家对于互联网的信任程度大大提高，什么都讲究方便、快捷，珠宝结合互联网的腾飞的时机就到了。今天做客我们节目的这位美丽的女士，有着惊人的魄力，她将珠宝与互联网紧密地结合在了一起。欢迎我们悦珠宝网创建人庄霞红庄总。庄总，欢迎您！

嘉宾：主持人好，大家好。

主持人：庄总，您是怎么接触到珠宝行业的呢？

嘉宾：我本身就是个珠宝爱好者，之前也是一直看，一直买，然后我特别喜欢那种个性化设计的珠宝。

主持人：别致一些的东西。

嘉宾：对，现在我觉得随着大家生活品质的提高，对这种个性化的需求会越来越突出。2012 年的时候，我看了一场私人定制的珠宝专场，马上就很心动。

主持人：然后发现商机就立马行动了。

嘉宾：是。

主持人：真的是雷厉风行，那您有没有分析过珠宝行业未来的发展趋势？

嘉宾：中国的珠宝行业未来的发展前景，我觉得是很好的。我们拥有悠久而深邃的珠宝文化，随着社会财富的不断积累，对珠宝的渴望和追求的步伐会越来越快。现在不仅在婚庆、节庆、寿庆这些重大的活动当中会用到珠宝，在平时的生活中，中国的富裕阶层也开始购买珠宝。他们把这种高度浓缩财富的东西替代货币来储蓄，以达到资产保值、升值和传承的目的，所以珠宝行业未来的前景我觉得潜力是非常巨大的，很乐观。

主持人：确实珠宝其实对于女孩子来说，是完全没有任何抵抗力的，可能我看见您戴一个特别漂亮的珠宝，我会一家一家店去找，这样的话就特别不方便。

嘉宾：这也是我的梦想，希望你们不管买，或者是不买，都能够上我这个平台去看一看。

主持人：确实珠宝对于女孩子来说，有着特殊的感情，庄总应该关注"两会"了吧，李克强总理在两会提出"互联网+"行动计划，现在互联网+传统行业成为新宠，您怎么看待这种趋势？

嘉宾：我现在就在做这件事情，我觉得互联网是与众不同的商业模式，是未来所有行业销售的非常关键的因素。所以当互联网渗透进传统行业的时候，传统行业就犹如长了翅膀一样，可以飞起来了。像我现在做的就是悦珠宝这个平台，我不仅是想把传统的珠宝展会搬到互联网上来，而且借着悦珠宝平台，让珠宝商和设计师都可以直接跟客户对接，这样子就可以满足大家个性化的需求。所以客户上悦珠宝这个平台，就相当于你不仅仅是看了展会，同时有了私人的设计师。

主持人：悦珠宝网，能详细地跟我们介绍一下这个平台吗，真的特别吸引人。

嘉宾：好的，悦珠宝网它就是中国领先的一个珠宝行业网站，网站通过互联网完成品牌与客户之间的直接对接，摆脱了实体店地域限制，受众更加广。客户可以通过悦珠宝看到更多更好的珠宝品牌、设计、成品，不再只局限于商场中那么几个品牌，客户选择的余地大了。我可以归纳一下，第一，我想给广大的珠宝商提供一个展示的平台，摆脱地域的限制；第二，给广大的设计师提供一个展示的平台，设计师可以直接跟客户对接；第三，给广大的客户提供一个更广的选择余地；第四，我觉得未来珠宝的个性化发展是一种趋势。

主持人：现在珠宝行业这么受欢迎，竞争一定非常激烈，那么在这种大环境下，庄总将采用怎样的市场战略？

嘉宾：一，定位要准确，信誉和口碑放第一。我们要打造的是一个第三方的新型珠宝平台。一切围绕用户需求来提供相关资讯。严格把控上游资源，除了审核公司资料外，必须有实体店可以体验，看货。二，更多采用互联网营销模式，开通微信、微博营销、在线支付等功能，同时强调客户体验，开通互动性功能。三，不求快只求稳，循序渐进，只求大家的认可、信任。

主持人：我们可以在上面有自己的专属自己私人定制，比如说我生日了，我现在需要给自己定一个生日礼物，礼物上可以雕刻我喜欢的花纹或者文字吗？

嘉宾：没有问题。

主持人：手表之类的也完全可以定制？

嘉宾：对，都可以按照您的需求，您的喜好，然后我们根据对你的了解，你的品位和你的预算，然后来综合性地帮你定制和设计。

主持人：真的特别棒，今后您准备怎么运营这个网站？

嘉宾：我自己也在打造专业的运营团队，总部将会放在上海或苏州。后面也会考虑引入风险投资，更好的做市场推广，服务更多的客户，在珠宝这个垂直领域做精做专。

主持人：对，更专注我们这个珠宝行业，并且保证我们完全是正品？

嘉宾：对，完全是正品，而且悦珠宝上展示的货品，都必须有权威机构的证书。

主持人：是所有证书我都可以看到，并且保证这个绝对是真实的吗？

嘉宾：对，在我们悦珠宝展示的产品都有它的证书，另外，如果买过去之后还不够放心，你也可以去你认为权威的机构，再去检测。

主持人：真的是一个非常正规的网络平台。

嘉宾：对。

主持人：在未来将实现一个怎样的目标？

嘉宾：我希望在未来，悦珠宝平台可以真正成为珠宝商和客户直接交流的平台。成为上下游均信任、喜爱的平台。商家通过这个平台不愁没人欣赏，不愁没人买。客户通过这个平台不愁搞不清状况，不愁没有心仪的珠宝卖。

主持人：您对珠宝行业了解的那么透彻。而且分析的也比较到位，有没有什么经典案例能够跟我们分享一下呢？

嘉宾：说实话我其实从事这个行业时间并不长，但是我是真正的兴趣爱好驱动。

主持人：珠宝爱好者。

嘉宾：对，所以做起来更多一份开心，也更多一份执着，我一直强调我们悦珠宝服务宗旨就是忠诚为客户服务。就像我上面说到的，很多客户购买珠宝会不太懂行，这种情况下，来到我们悦珠宝平台，我们会提供专业的知识，合理的推荐，还有最符合你的出色设计。让每一个到悦珠宝的客户都能认可我们的网站。

主持人：您自己设计过珠宝吗？

嘉宾：我自己也有设计。

主持人：自己有自己的作品吗？

嘉宾：也有。

主持人：完全是一个真正的珠宝爱好者。

嘉宾：我有很多的客户，都是回头客，然后也因为购买我的珠宝，跟我成为好朋友，很多的时候他们会把他们的需求、喜好告诉我，我会以此为根据再结合我的经验，然后给他们进行一些设计，客户真的是很喜欢。

主持人：可能您跟他成为朋友之后，更加了解他，知道什么适合他。

嘉宾：对。

主持人：所以给他私人定制的时候也更加方便一些。

嘉宾：是这样子。

主持人：能简单分享一下您的创业经验吗？

嘉宾：经验的话，我更多的想跟大家分享一下，其实就是无论你是在工作，还是创业的过程当中，一定要做你自己喜欢做的事情，而且尽自己最大努力把它做到最好。在这个过程当中，你不断地学习，不断地有想法，勇于探索和实践。同时，在做的过程当中，不断修整自己的想法，不断修整自己行

动的方向。

主持人：您刚才这句话真的非常受用，能不能给我们现在正在创业的这些年轻人一些忠告和建议呢？

嘉宾：还是分享我自己的感受吧。我是觉得说一定要有梦想，有梦想以后，一定要有行动，要多实践，做更美更好的自己。在这个过程当中，梦想跟现实之间它一定是有差距的，但是只要克服各种困难、险阻，甚至内在的恐惧，然后脚踏实地的走，不断地学习，不断地成长。梦想是一个指引的方向，它会带你意气风发的更上一层楼。然后不仅可以让你看到更美好的风景，更可以在这个过程当中，让你看到更美更好的自己。

主持人：今天真的是收获颇多，感谢这样一位充满智慧与魅力的女企业家为我们分享了她的经验和心得，最后我们也祝愿庄总的珠宝事业能够越做越强，悦珠宝越做越大。非常感谢庄总的做客，本期的精彩节目就到这里，我们下期节目再见。

嘉宾：谢谢主持人，谢谢大家。

钟学英
大余县欣荣钨业有限公司总经理，化妆网创始人

钟学英，大余县欣荣钨业有限公司总经理，公司自2003年成立至今，销售业绩已经达到5个亿。2014年钟学英女士看到了互联网巨大的发展空间，创建了化妆网，期望为爱美的女孩打造一个天堂。

网站介绍 Website Introduction

　　化妆网（www.huazhuangxinxi.com）是顺应新时代的产物，利用互联网来传播化妆行业资讯、提供美容化妆流行趋势的一个平台。化妆网还拥有时尚新闻、化妆品库、化妆名师、美妆品牌、时尚图库等板块。化妆网以最具时代潮流及创新的思维，致力打造最专业的移动时尚口袋。

　　钟学英女士打造这一网站，想让更多爱美之人通过这个网站去分享自己的化妆技巧，这是一个只做与化妆有关的专业网站，它分享好的化妆方法和经验，引领最新的时尚潮流，塑造卓越的企业文化。

《首届中国企业价值传播盛典》访谈内容

—— 钟学英专访

主持人： "探访人物故事，传播价值能量"，各位观众，大家好！欢迎来到《首届中国企业价值传播盛典》大型企业家访谈节目，我是主持人石濛。

本节目是由中国电子商务协会3G发展与应用工程和中国商业电讯共同主办，由新浪等多家权威媒体高度关注和支持。

互联网的高速发展不仅改变着每个人的生活，也对各行各业产生了深远的影响。某种程度上说，互联网成为当今社会发展的一种趋势。如今化妆行业也向电商方向发展，成为市场竞争中新的突破口，化妆行业如何抓住女性消费者的芳心，今天，我们节目邀请到了化妆网创始人钟学英钟女士，我们一起探讨化妆行业电商的明天。

嘉宾： 主持人好，大家好。

主持人： 今天我们聊的是电商，想必钟总对互联网也有不一样的认识，而且我发现了这样一个现象，就是现今传统行业向互联网时代转型是传统企业亟待解决的问题，钟总，您是如何看待这一发展趋势的？

嘉宾： 好的，互联网的发展无疑给人们的生活带来了很大的便利，一般群众对于互联网的了解最多的应该是来自淘宝，一个购物网站。衣食住行，所有你能想到的，几乎都可以在淘宝买到。而从挑选到购买再到收货，你几乎不需要踏出家门。互联网的便利已经到了这样的程度，现在的消费群体主体开始逐渐转移到70后、80后、90后的用户，人们的心态也比过去更为开放，更善于接受新事物，所以我认为在未来的几十年，任何产业都会慢慢转移到互联网上发展。

主持人： 互联网正在以它的互联精神改变着一切，那么你怎么看待化妆这个行业的发展与互联网之间的关系？

嘉宾： 爱美之心人皆有之。当今社会，女人对于自己的外貌越来越在意，无论是结婚的或者没有结婚的，都愿意把自己打扮得漂漂亮亮的。而除了衣着打扮，化妆已经是女人打扮不可缺少的一部分。不像以前，化妆似乎仅仅是明星的专利。普通老白姓突然化个妆还会被认为是很夸张的事情。总而言之，我认为"化妆"适应社会上多数女人的需求，发展空间很大。

主持人： 我知道您通过互联网在化妆品行业也做了大胆的尝试，创办了化妆网。那么当初是什么原因促使您创建了这个网站呢？

嘉宾： 结合"化妆"的市场潜力与当今

互联网的发展趋势，我认为做一个专业的化妆网站已经是迫在眉睫。

主持人： 您觉得网站的优势在哪里？

嘉宾： 化妆网是一个传播化妆行业资讯、发布美容化妆流行趋势的网站，对于整个美容化妆行业起到了引领与推动的作用。线上品牌可以通过实体店来提升用户体验，提高用户黏度和企业口碑，小规模扩张问题不大，但是批量开店和传统零售业"触电"一样不易，必须找准定位。或许，找准定位才是电商转战线下需要考虑的首要因素。将更好的服务提供给用户，这就是化妆网的优势所在。

主持人： 可以说化妆网的出现给电商发展线下带来了新的理念，那么能给我们简单地介绍下后期将如何运营化妆网呢？

嘉宾： 一个网站的成功运营并不是一蹴而就，而是需要经历许多不同的阶段，从这些阶段中去不断改进，丰富和完善网站的各种功能和服务。化妆网将服务作为重中之重，把更优质的服务给投资者，将产品渗入到市场。把更关注的信息给消费者，引导正确的消费认知。专业、人性化的服务是我们提倡的宗旨。

主持人： 经营网站是在经历各式各样的考验后，不断积累经验，才能取得成功。那么您觉得现在需要将精力集中放在哪个方面才能更好地达成我们的目标呢？

嘉宾： 我认为主要做的是结合行业的特点以及自身的经验，将局部的化妆行业整合，并推广网站，收集会员信息，以聆听用户的需要，提供服务。还要做好以下四点：第一，谨记网站定位，制订网站长期与短期经营目标；第二，建立有序畅通的企业运营机制；第三，抓牢核心人才；第四，找准适合网站运营的方法。

主持人： 钟总的思路很清晰，目标也明确。相信在不久的将来我们的化妆网一定会绽放出自己的色彩。那么您所期待网站的高度在哪里呢？

嘉宾： 我对化妆网期待的高度主要有三点，第一，以分享好的化妆方法经验为理念；第二，把引领最新的时尚潮流当追求；第三，视卓越的企业文化为目标。我相信化妆网一定有好的发展。

主持人： 虽说行行出状元，但是状元真的不是那么好当的。非常感谢钟总的到来，用化妆网点击你的美丽，妆扮你的容颜，本期的精彩就到这里，下期再会！

嘉宾： 谢谢主持人，谢谢大家。

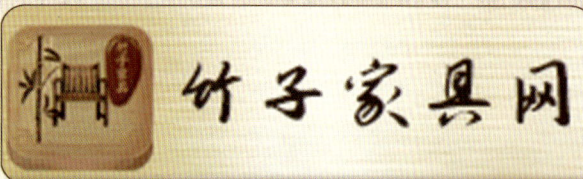

竹子纤维，柔软抗菌，融入其中，享受自然

竹子家具网
网站域名
www.zhuzijiaju.net

　　关恒宇律师是北京市尚和律师事务所副主任、合伙人。连续担任七、八、九三届北京市律师协会刑法委员会委员；2005年被选为当代中国法学名家律师团成员；2006年—2008年、2010年入选《中国律师年鉴》；2008年入选法律出版社《中国刑辩大律师》；2009年与其他律师合著《大义精诚》一书；2010年又与其他律师合著《中国优秀律师辩护实录》一书；2010—2012年度连续三年被评为中国百强大律师。关恒宇律师曾在检察机关和公安机关工作，从事法律工作三十余年，擅长刑事辩护，多年来承办各类案件上千件，特别在刑事辩护方面造诣颇深，有着丰富的刑事辩护经验。

　　关恒宇律师在2014年8月11号成为了童装信息垂直搜索创始人，为童装行业开启了另一扇窗。

童装信息网

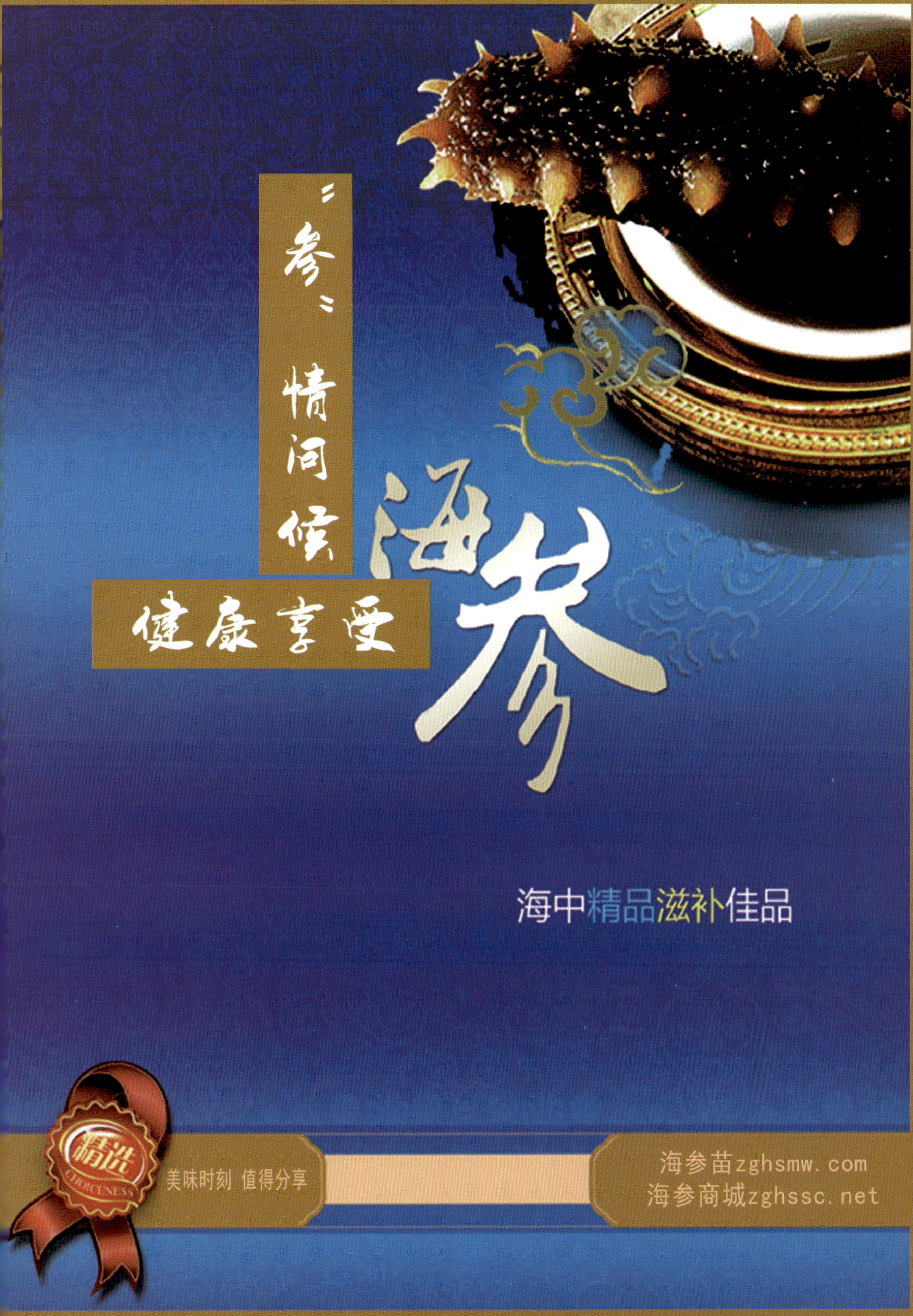

"参"情问候 健康享受

海参

海中精品 滋补佳品

美味时刻 值得分享

海参苗 zghsmw.com
海参商城 zghssc.net

医药器械垂直搜索
医药器械网域名：
zgyyqx.com

松原市药品药材有限公司

公司成立于1998年，法人嵇玉光，业内赢得了不少口碑。多年来，我们一直以人为本，创新求实，精益求精，满足客户，持之以恒，诚信正直，以责任立于社会，客户的需要和满意是我们的目标，高质量的产品和服务是我们永远不变的追求！

关注医药器械，关注您的健康！

户外旅游
OUTDOOR TRAVEL

朱浩清，专修旅游专业，旅游已成为当今社会投资的热点和投资领域。2007初接触互联网，积极拥抱"互联网+"，2015年成功创办户外旅游网。

户外旅游垂直搜索

户外旅游垂直搜索引擎提供了比较精准、细化的搜索服务，针对户外旅游行业进行精准的内容定位，并结合移动App可以提供LBS服务的特色加强了地域性管理和筛选功能，因此使用户外旅游移动垂直搜索引擎能取得精准的搜索结果。

1.中文直达。直达各大知名网站、论坛、联盟站点，数据实时更新，中文直达服务让用户搜索一步到位。

2.品牌词汇直达网站，商家可提交自己的搜索词，让客户直达网站，增加无限商机。

3.站内直达。直达网站内各频道、栏目，站内直达满足用户在网站的全方位服务。

4.内部功能：天气查询、定位、语音输入。

www.jztgmh.com

大气、时尚、简约

新兴家居 于2006年在福州创立

公司旗下"尚族工坊"品牌是福建省名牌产品

集团公司有超过1000名职员

集团公司月产值超过450万美元

公司有13年的实木家居及竹子家具生产、制作、销售经验

让世界少砍伐一片森林！

专业的家具制造机械从台湾、德国进口
集团公司有超过1000名职员
每月出口产品达150条12米上的集装箱

新兴家居集团有3大下属公司
新兴家居（福州）公司
新兴家居（茶陵）尚竹公司
新兴家居（龙岩）仁记公司

网站链接：
HTTP://WWW.ZGHUIZHAN.NET/
HTTP://WWW.EHUIZHAN.NET/

北京博思信诚市场营销顾问有限公司

主要业务
形象策划
市场传播推广咨询服务等
立体行销解决方案的制定与实施

热线电话
400-8856-111

北京博思信诚市场营销顾问有限公司

是一家集大型展览、会议、商业空间建设的设计、管理、实施、运作等相关全方位服务于一身的专业化公司。

北京博思信诚市场顾问有限公司是一家专精于大型展览、会议、活动、各种POP制作、零售终端建设、企业整体形象策划、市场传播推广咨询服务等立体行销解决方案的制定与实施的专业化公司。

HTTP://WWW.BJBOSI.COM/

全球500强指定整合服务商
专业的落地执行管理助手

公司理念
为员工营造有意义的生活空间，
为客户创造最佳发展路径。

公司精神
我们遵循科学性、系统性、前瞻性、持久性与可操作性的统一；
我们坚持将战略视野与具体目标的高度结合；
我们追求个性创造与团队精神的完美融合；
我们崇尚谨言、慎行、不拘一格。

| 量 | 身 | 定 | 制 |

江苏省华茂科教设备有限公司

江苏省华茂科教设备有限公司坐落在风光秀丽、人杰地灵的花木之乡沭阳县，公司占地面积39800平方米，新建标准化工业厂房8000平方米，公司现有职工128人，其中具有中级以上职称的管理及专业技术人员33人。公司注册资金为3100万元人民币，是专业制造销售普教系列教学仪器及实验室设备的专业公司，产品涉及中小学物理、化学、生物各种学科，生产销售的主要产品均经过国家授权的检测机构的检测。企业注重产品的质量与服务，自2011年4月成立有限公司以来，已经通过ISO9001质量管理体系的认证，ISO14001：2004环境管理体系认证，GB/T28001-2001职业健康安全管理体系认证，荣获金融"AAA"级荣誉称号。

公司的销售及售后网络健全，已有全国大城市等多家分公司及多个办事处，产品覆盖全国20多个省市，受到绝大多数用户的好评，因产品质量过硬，售后服务优良，被宿迁市评为"诚信合作单位"。

同时公司拥有一支专业化的系统设计、项目实施、软件和技术支持的队伍，现代化的办公设施，先进的生产检测设备及计算机联网办公自动化管理系统，都是顾客对产品质量产生信心的一种保证。在目前市场竞争的浪潮中，华茂一直在努力拼搏并将继续奉行"诚实、奉献、开拓、进取"的企业精神，不断完善企业经营管理体制，以优质的产品、优质的服务，为我国现代化教育事业做出更大的贡献。 追求卓越是华茂科教一贯的企业精神，永远领先是华茂科教永续发展的目标！

华茂科教奉行"视产品质量为公司生存之根本，视诚实守信为公司发展之宗旨，视灵活互利为公司经营之目标"的经营理念。"华茂"人的敬业精神，服务教育的宗旨，将充分体现在与您的每一次接触中……江苏省华茂科教设备有限公司的诚信、实力和产品质量获得业界的认可。欢迎各界朋友莅临参观、指导和业务洽谈。

昆山众翌金属工业有限公司 成立于2005年12月

坐落在江苏省昆山市周市镇宋家港路285号，拥有资产人民币1000万元。

公司自成立之初就坚持以"顾客至上，品质第一，服务诚信，坚持创新"为品质方针。

专业设计、加工铝挤型、铝板金及阳极表面处理，

产品主要使用于计算机、手机、视讯、网络等各类电子产品，

产品远销日本、韩国以及欧美、东南亚等国。

面对日趋激烈的市场竞争，众翌全体员工将以"诚信、严谨、活力"为宗旨，

与客户和供货商保持良好亲密的合作关系，

不断提高我们的产品品质，更好地服务我们的客户。

酒业采购客户端

每天喝一点，健康多一点

酒业采购

矿产设备客户端

公司简介

公司名称：陕西君安嘉元建设工程有限公司。成立于2013年6月，注册资金一千万，公司法人黄涛，公司目前下设三个项目部：一是山西玉龙煤业采掘二队项目部；二是陕煤集团神南掘进中心第十项目部；三是中煤府谷县和谐煤业综合采掘福建华星项目部。管理团队500余人，公司主要负责煤炭开采、坑道掘进、土木建筑、园林花卉等建设项目。

典藏 庆典

SPARKLING WINE

网址：www.qqjspf.com

沟通　理解　支持　团结

企业未来目标规划

公司为了适应经济时代潮流，当前注册了中国酒水批发平台；希望全国从事酒水企业的个人、商户和企业都参于到行业平台里来，共同合作，共谋商机，合作共赢，让全球酒水批发网成为电子商务的标杆。

公司地址：南郑县大河坎镇江南臻品1幢2单元2505号。

生态环保网
Environmental protection

低碳时代

低碳环保，享受健康生活

还地球一个自然的清新
Low carbon ageBut also the ear

生态环保网
www.sthbwang.com

油气勘探/开发生产/质量监控/泄露检测

创造科技的动力

网站域名：sysz88.com

细节决定成败，态度决定未来！

宁波丰腾互联科技有限公司自2000年创办以来，是一家专注于高端二维码制作和品牌传播的网络服务机构，致力于为企业提供全面、丰富的网络推广解决方案。总部设在中国宁波。

公司运营的草料二维码平台，是国内领先的二维码云服务提供商，占二维码云服务领域国内市场80%份额，并与阿里云、阿里码上淘、微信、用友等建立战略合作伙伴关系。为满足企业用户更多需求，公司提供产品码、名片码、企业码、APP转码、定制开发等商务应用二维码系统；独创C3引擎，成熟、可靠、易扩展的平台架构及功能组件，能快速实现不同行业的二次开发。

公司拥有资深团队，聚集创意、策略、技术等各领域专业人才，我们坚信每一个成功项目是良好团队合作的成果，我们的目标是打造全国稳定全面的二维码服务平台，为客户提供专业有效的网络推广方案。

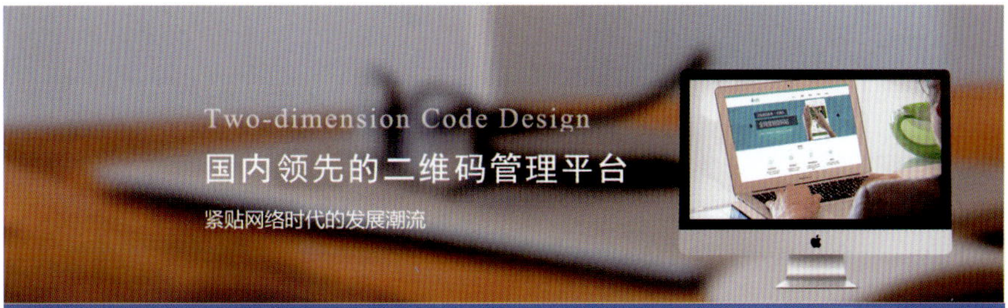

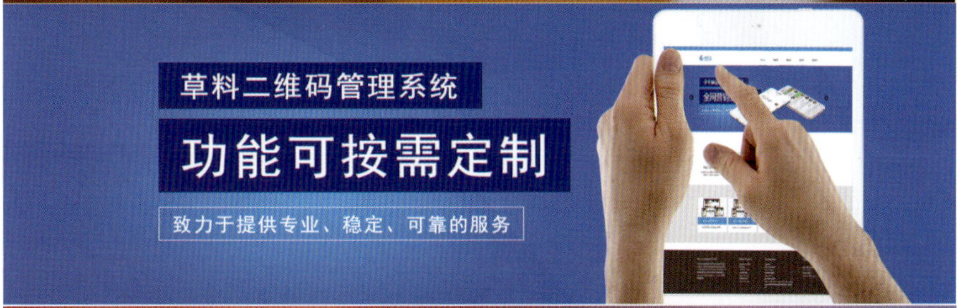

Two-dimension Code Design
国内领先的二维码管理平台
紧贴网络时代的发展潮流

草料二维码管理系统
功能可按需定制
致力于提供专业、稳定、可靠的服务

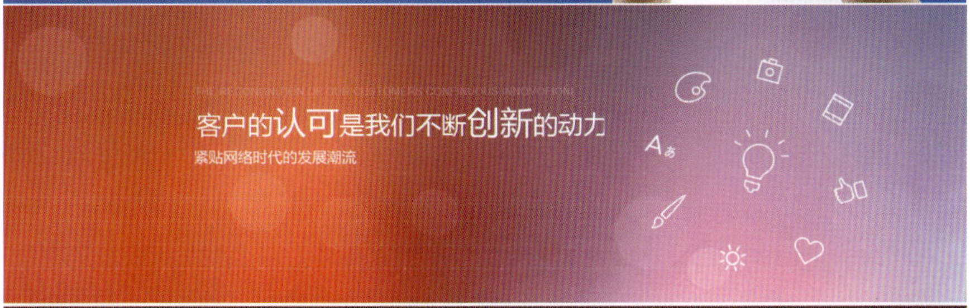

客户的认可是我们不断创新的动力
紧贴网络时代的发展潮流

服务项目

| 名片二维码 | 企业二维码 | 产品二维码 | 一站式售后服务体系 |

案例展示

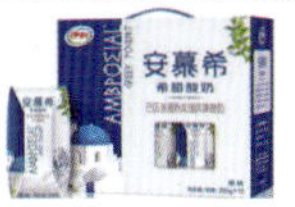

伊利安慕希酸奶 — 伊利文化是健康产品、健康生活、健康理念三位一体的健康文化。

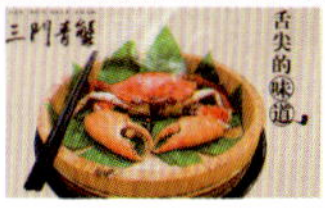

三门青蟹 — 三门青蟹产品码

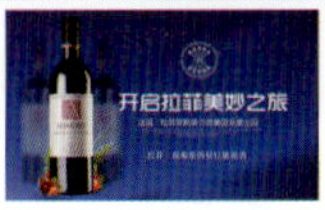

307酒庄 — 307酒庄产品码

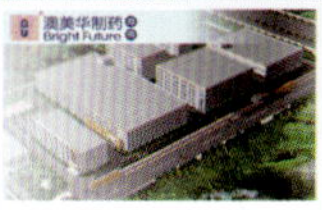

欧美华制药 — 海带薄膜华制药有限公司是由香港廉海制药厂有限公司投资的高科研、开发、生产、销售为一体的原海综合服务中心。

我们的工作氛围

我们倾听员工心声，以最舒适的办公环境，给予小伙伴们家一般的温暖
我们认真对待每一位员工！
良好的工作氛围是自由、真诚和平等的工作氛围，就是在员工对自身工作满意的基础上，与同事、上司之间关系相处融洽，互相认可，有集体认同感、充分发挥团队合作，共同达成工作目标、在工作中共同实现人生价值的氛围。
一个令人愉快的工作氛围是高效率工作的一个很重要的影响因素，快乐而尊重的气氛对提高员工工作积极性起着不可忽视的作用。

随时随地找我们

官方网站

于大海，互联网爱好者，于2014年创建了新能源网。新能源网，是一个服务于新能源的网络平台，积极倡导新能源、新技术的推广，大力宣传节能减排、低碳环保知识，倡导并推广绿色能源。希望为中国经济建设、环境保护和新能源行业的发展贡献一些绿色的正能量。

包头市泰蒙商贸有限公司,公司的经营理念："以人为本、互利共赢、诚实守信、共创未来"
公司是民营企业，主营计算机及配件、电子产品、建筑材料、照明电器、消防设备、环保设备、金属材料、化工产品、办公用品及设备，预包装食品零售。
公司名称：包头市泰蒙商贸有限公司。
公司注册时间：2012年。注册资金：人民币200万元。
包头市泰蒙商贸有限公司以真诚奉献社会为使命，致力于为客户提供高品质的产品和服务，与客户共同发展，创建美好的未来。为员工创造广阔的发展空间，提高员工的生活质量和自身价值。
对外联系电话：0472-2851870

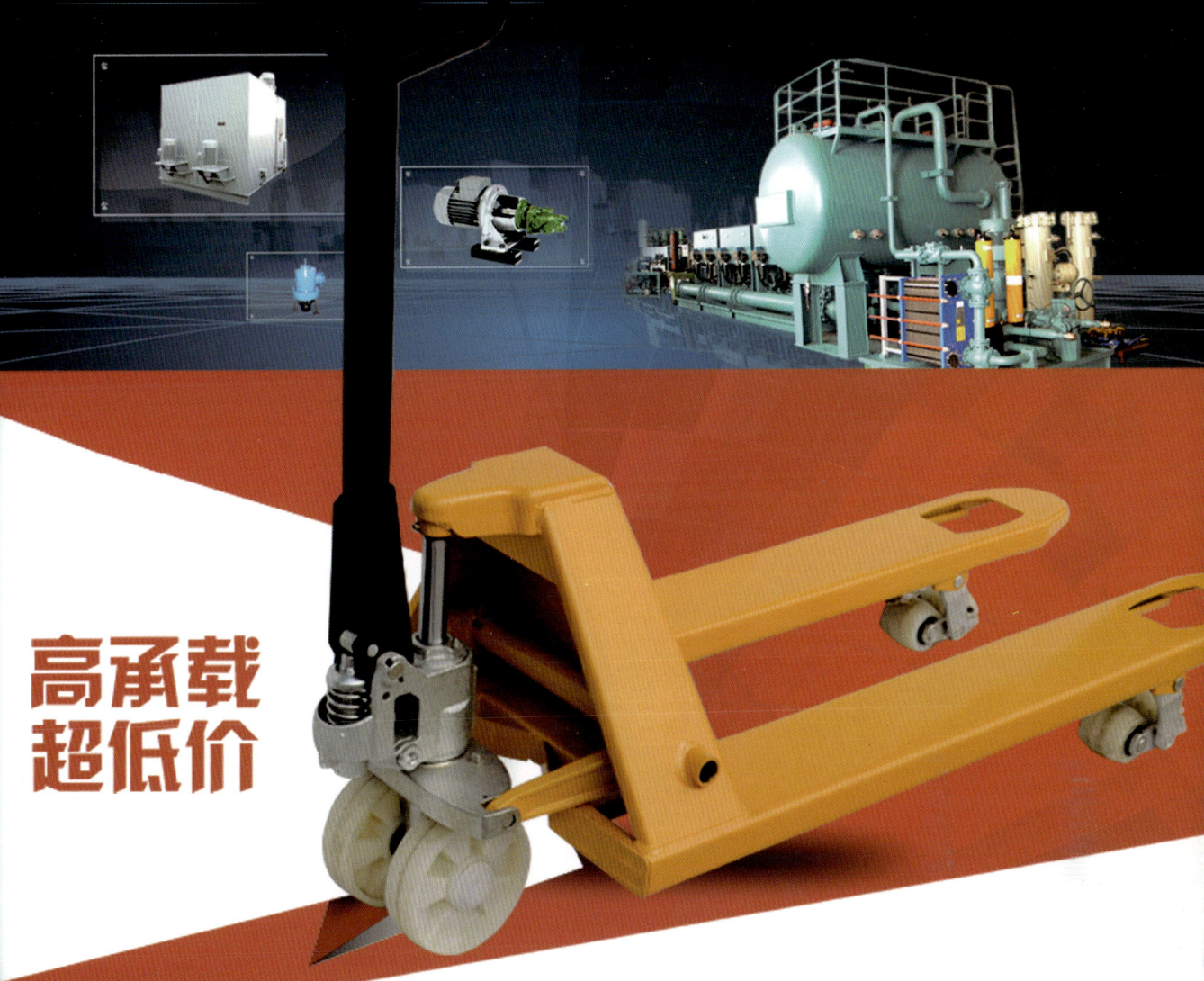

刘海雄
医药网网站创始人

刘海雄，男，1955年生，制药高级工程师，1982年大学毕业后到原卫生部武汉生物制品研究所，从事生物制品的生产和研究工作。其中"牛精浆中纯化的神经生长因子对周围神经再生的影响"课题分别获湖北省卫生厅科技进步二等奖、武汉市政府科技进步三等奖、湖北省政府科技进步三等奖、卫生部科技进步三等奖。1993年从事乙型肝炎诊断试剂（HBV）和艾滋病诊断试剂（HIV）的开发和生产。2002年参与"生物反应器生产狂犬病疫苗"的开发，及生产建设。2008年创建"广州睿凯生物技术有限公司"，研究、开发、生产出"2,6-二-O-甲基-B-环状糊精"供给预防生物制品的生产，取代进口。2014年注册了"医药网"。

公司介绍 COMPANY INTRODUCTION

医药网（WWW.YYAOWANG.COM）的页面版块中也可以直观的看到医、药、病、保健、养生、预防资讯集合等等，这里汇集了海量的商机、供求、合作代理信息，为企业提供了全面的医药行业资讯，产品行情供求信息等；而老百姓可以直接在网上诊病、开方、购药，这一特点更是拉近医生与患者之间的距离，除此之外医药网节省了时间、金钱、劳力、提高了工作效率，并将医疗资源进行了重新配比。平台相对方便的交流环境，更是打破了各国的医疗行业一直都是处于相对垄断和封闭的行业状况，而如果真的能够实现"互联网+智慧医疗"，这将开启一个新的医疗时代，国内外不仅可以相互学习先进的医疗技术，而且跨境医疗项目也不再是艰难的事情，这无疑是给患者带来了福音。

经营范围
西药制剂
抗肿瘤药、抗微生物类、消化系统用药、生物制品、
中成药
妇科用药、儿科用药、内科药、皮肤科用药、
中草药
中药饮片、中药材、
医疗器械
家用保健理疗、理疗贴膏、外伤敷料、计生用品、
保健品
普通食品、保健食品、保健用品、

海雄医药网让您口服心服　　　网站：HAIXIONGYIYAOWANG.COM

中醫

医药商城
做您的健康卫士！

网站
http://www.zgzyc.net

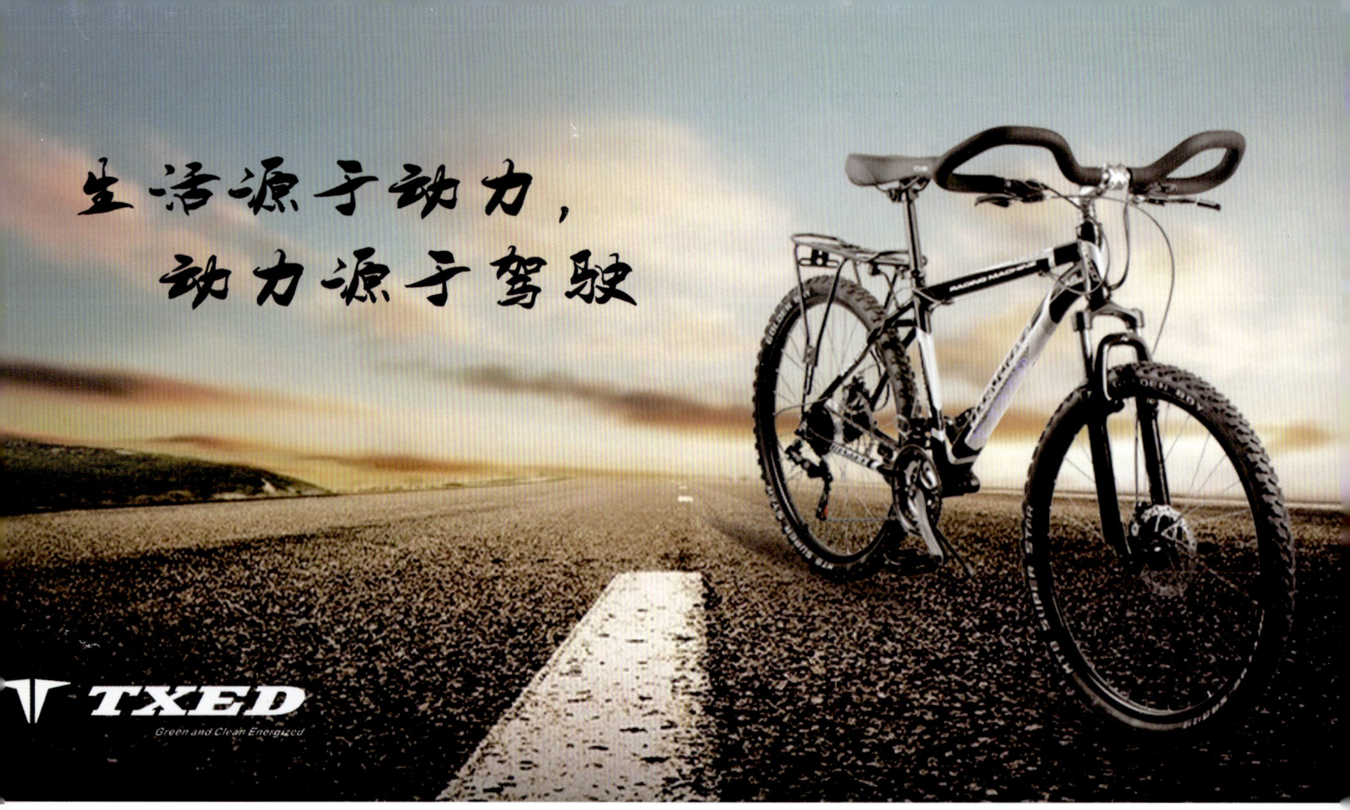

生活源于动力，
　动力源于驾驶

企业简介

　　祥锦（天津）车业有限公司，天津泰克斯特进出口贸易有限公司成立于1994年，经过艰苦卓越求实创业的努力，和与之不懈的奋斗，历时十多年。发展成一个以自行车,电动车及相关产品为主营，以欧美及世界各地为主要销售市场，以日本、台湾等高端零部件为主要配件支持的，具有专业自行车OEM制造形式的进出口工贸集团公司。是天津市自行车行业中，为数不多的，能长期、稳定地在欧美及世界各地的市场上，不断创新发展的自行车进出口工贸公司。

　　具有对自行车产品，独立进行完成开发设计的能力，包括对零配件实施配套采购的能力。产品架构合理，已形成了一个有几十个大类，上百个品种的完整的产品系列。并以其多变化的营销策略，世界新潮产品的设计和优质的售后服务。在国外赢得了广大外商的赞誉与信任，把握和创造了众多的商机，占有了一定的市场份额，被国外客商誉为"靠得住的贸易伙伴"。

　　目前的产品，已销往世界近三十多个国家，其中主要的有德国、丹麦、意大利、瑞士、荷兰、波兰、英国、美国、土耳其、秘鲁、智利、葡萄牙、西班牙、巴西、阿联酋、以色列、斯里兰卡、菲律宾、拉脱维亚、印度、罗马尼亚、马来西亚等国家。

　　进出口基地坐落在天津华苑高新技术产业园区（鑫茂科技园），生产基地坐落在西青区中北工业园，优雅的办公及生产环境，先进的计算机网络管理，具有超前意识和现代化管理理念的经营决策层，以及一支由高学历、专业外语水平，高专业技术和具有团结奋进精神的优秀人员组成的执行团队。为我们在未来国际市场的竞争中和为不断提升我们高品质产品及高质量服务的目标中，夯实了基础。为今后更好地服务于社会，回报于社会储备了丰富的人力资源和工作保证。

　　　　　　公司的企业文化：诚信立业，创新发展，成就客户，追求卓越
　　　　　　　欢迎有识之士加入我们的团队，共同发展。

祥锦(天津)车业有限公司
XIANGJIN (TIANJIAN) CYCLE CO., LTD.　　　　　　　　　　　　　　　域名：WWW.CHEYEWANG.COM

通讯地址：天津市西青区中北工业园曦霞路20号
ADDRESS: NO.2 XIXIA ROAD, ZHONGBEI INDUSTRY PARK, XIQING DISTRICT, TIANJIN
邮编/ZIP: 300384　　电话/TEL: 022-83715380
传真/FAX: 022-83715375　　HTTP://WWW.TXEDBIKE.COM　　E-MAIL: TXED@TXEDBIKES.COM
主要产品：电动车、自行车及零件。
MAIN PRODUCTS: ELECTRIC BIKE, BICYCLE AND SPARE PARTS.　认证情况/STANDARD: CE, TUV认证